O *REINO DE DEUS* NO IMPÉRIO DO BRASIL

SOBRE A ESPERANÇA NO JORNAL *IMPRENSA EVANGÉLICA* (1864-1889)

Editora Appris Ltda.
1.ª Edição - Copyright© 2025 do autor
Direitos de Edição Reservados à Editora Appris Ltda.

Nenhuma parte desta obra poderá ser utilizada indevidamente, sem estar de acordo com a Lei nº 9.610/98. Se incorreções forem encontradas, serão de exclusiva responsabilidade de seus organizadores. Foi realizado o Depósito Legal na Fundação Biblioteca Nacional, de acordo com as Leis nos 10.994, de 14/12/2004, e 12.192, de 14/01/2010.

Catalogação na Fonte
Elaborado por: Dayanne Leal Souza
Bibliotecária CRB 9/2162

F178r 2025	Falcão Junior, Jorge William
	    O Reino de Deus no Império do Brasil: sobre a esperança no jornal Imprensa Evangélica (1864-1889) / Jorge William Falcão Junior. – 1. ed. – Curitiba: Appris, 2025.
	    141 p. ; 23 cm. – (Coleção Ciências Sociais. Seção História).
	
	    Inclui referências.
	    ISBN 978-65-250-7480-1
	
	    1. Presbiterianismo. 2. Império do Brasil. 3. Imprensa Evangélica. 4. Reino de Deus. I. Falcão Junior, Jorge William. II. Título. III. Série.
	
	    CDD – 940.23

Livro de acordo com a normalização técnica da ABNT

Appris *editorial*

Editora e Livraria Appris Ltda.
Av. Manoel Ribas, 2265 – Mercês
Curitiba/PR – CEP: 80810-002
Tel. (41) 3156 - 4731
www.editoraappris.com.br

Printed in Brazil
Impresso no Brasil

Jorge William Falcão Junior

O *REINO DE DEUS* NO IMPÉRIO DO BRASIL

SOBRE A ESPERANÇA NO JORNAL
IMPRENSA EVANGÉLICA (1864-1889)

Appris
editora

Curitiba, PR
2025

FICHA TÉCNICA

EDITORIAL
Augusto Coelho
Sara C. de Andrade Coelho

COMITÊ EDITORIAL
Ana El Achkar (Universo/RJ)
Andréa Barbosa Gouveia (UFPR)
Antonio Evangelista de Souza Netto (PUC-SP)
Belinda Cunha (UFPB)
Délton Winter de Carvalho (FMP)
Edson da Silva (UFVJM)
Eliete Correia dos Santos (UEPB)
Erineu Foerste (Ufes)
Fabiano Santos (UERJ-IESP)
Francinete Fernandes de Sousa (UEPB)
Francisco Carlos Duarte (PUCPR)
Francisco de Assis (Fiam-Faam-SP-Brasil)
Gláucia Figueiredo (UNIPAMPA/ UDELAR)
Jacques de Lima Ferreira (UNOESC)
Jean Carlos Gonçalves (UFPR)
José Wálter Nunes (UnB)
Junia de Vilhena (PUC-RIO)

Lucas Mesquita (UNILA)
Márcia Gonçalves (Unitau)
Maria Aparecida Barbosa (USP)
Maria Margarida de Andrade (Umack)
Marilda A. Behrens (PUCPR)
Marília Andrade Torales Campos (UFPR)
Marli Caetano
Patrícia L. Torres (PUCPR)
Paula Costa Mosca Macedo (UNIFESP)
Ramon Blanco (UNILA)
Roberta Ecleide Kelly (NEPE)
Roque Ismael da Costa Güllich (UFFS)
Sergio Gomes (UFRJ)
Tiago Gagliano Pinto Alberto (PUCPR)
Toni Reis (UP)
Valdomiro de Oliveira (UFPR)

SUPERVISORA EDITORIAL
Renata C. Lopes

PRODUÇÃO EDITORIAL
Sabrina Costa

REVISÃO
Isabel Tomaselli Borba

DIAGRAMAÇÃO
Jhonny Alves dos Reis

CAPA
Jonh Elison Rodrigues

REVISÃO DE PROVA
Lavínia Albuquerque

COMITÊ CIENTÍFICO DA COLEÇÃO CIÊNCIAS SOCIAIS

DIREÇÃO CIENTÍFICA
Fabiano Santos (UERJ-IESP)

CONSULTORES
Alícia Ferreira Gonçalves (UFPB)
Artur Perrusi (UFPB)
Carlos Xavier de Azevedo Netto (UFPB)
Charles Pessanha (UFRJ)
Flávio Munhoz Sofiati (UFG)
Elisandro Pires Frigo (UFPR-Palotina)
Gabriel Augusto Miranda Setti (UnB)
Helcimara de Souza Telles (UFMG)
Iraneide Soares da Silva (UFC-UFPI)
João Feres Junior (Uerj)

Jordão Horta Nunes (UFG)
José Henrique Artigas de Godoy (UFPB)
Josilene Pinheiro Mariz (UFCG)
Leticia Andrade (UEMS)
Luiz Gonzaga Teixeira (USP)
Marcelo Almeida Peloggio (UFC)
Maurício Novaes Souza (IF Sudeste-MG)
Michelle Sato Frigo (UFPR-Palotina)
Revalino Freitas (UFG)
Simone Wolff (UEL)

Este livro é dedicado à Anne Munck Falcão.

AGRADECIMENTOS

Agradeço aos colegas e professores da Universidade Federal do Ceará (UFC), a quem devo a minha formação básica em História. Também agradeço aos amigos e professores da Universidade Federal de Juiz de Fora (UFJF), especialmente ao professor Alexandre Mansur Barata, por aceitar o desafio de me orientar no mestrado e doutorado. Agradeço a professora Silvana Mota Barbosa, a todos os amigos do Núcleo de Estudos em História Social da Política (NEHSP-UFJF). A Elisa Rodrigues e ao Frederico Pieper. Ao Zwinglio Dias Motta e Maria Fernanda Martins, os quais infelizmente não estão mais entre nós, mas me ajudaram de maneira significativa. Ao Eliezer Bernardes e ao Alderi Matos, por permitirem o acesso à Documentação no Arquivo Presbiteriano de São Paulo no Bairro Campo Belo, à Flávia Cardia do museu e da biblioteca Seminário Presbiteriano do Sul em Campinas, à liderança da Catedral Presbiteriana do Rio de Janeiro. Lisa Jacobson, Charlene Peacock e Sonia Prescott do Arquivo da Sociedade Histórica Presbiteriana na Filadélfia. Ao professor Dr. João Chaves. Ao Seminário Teológico de Princeton, em especial ao professor e Raimundo C. Barreto Jr. e a Dra. Rose Ellen Dunn, pela oportunidade de pesquisa na primavera de 2023 por meio do *Doctoral Research Scholar Program*. Ao Brian Shetler e a Lydia Andeskie da Sala de Coleções Especiais, e ao Jeremy Wallace da Biblioteca Theodore S. Wright, e aos doutorandos Kenn Miyagi, Son Yong Lee, Stephen DiTrolio e Guilherme Brasil, assim como ao pesquisador visitante de pós-doutorado Wanderley Pereira da Rosa. A ex-governadora do Estado do Ceará, Izolda Cela, a Secretária Educação Eliana Estrela (Seduc) por autorizarem meu afastamento para pesquisar nos arquivos do Seminário de Princeton. A minha tia Lúcia Falcão, pelo apoio e encorajamento. Aos gestores, professores e estudantes da Escola Otília Correia Saraiva. Aos estudantes, professores da Escola Otília Correia Saraiva em Barbalha. Ao Leonardo Alencar, meu primo historiador que sempre está me ajudando, trocando ideias e conversando sobre temas importantes da historiografia. A minha mãe Francisca Célia Alencar, ao meu pai Jorge William Falcão, e as minhas irmãs Aline e Celina. Agradeço a Sarah Munck Vieira e a minha filha Anne Munck Falcão.

PREFÁCIO

As conversas que tive com Jorge William Falcão Junior no Seminário de Princeton, em Princeton, Nova Jersey, durante o seu período de pesquisa nos Estados Unidos, já foram suficientes para comunicar o alto calibre de suas habilidades de pesquisa, seu intelecto aguçado e a relevância de seus interesses acadêmicos. Ainda assim, a leitura de *O Reino de Deus no Império do Brasil: Sobre a Esperança no Jornal Imprensa Evangélica (1864-1889)* aumentou meu apreço por seu talento e por sua perspicácia. Este livro identifica equívocos comuns sobre a história do presbiterianismo no Brasil, complexifica nossa compreensão das instituições protestantes de produção cultural durante o Império do Brasil, qualifica as complexidades do pensamento milenarista presbiteriano e reitera o quão importante é a história religiosa para a compreensão das genealogias de diversas ideias que afetam diretamente a cultura e a política contemporâneas.

É, portanto, um imenso prazer apresentar este trabalho de pesquisa séria e transnacional escrito por um autor com considerável capacidade linguística, cultural, histórica e teológica que produziu este livro extremamente relevante sobre a história do protestantismo brasileiro. O foco principal do autor no conceito do *Reino de Deus* no Jornal *Imprensa Evangélica* permitiu-lhe prestar cuidadosa atenção em como as mensagens públicas impressas por missionários presbiterianos e líderes brasileiros da denominação tratavam não apenas de sensibilidades metafísicas, mas também de convicções teológicas que moldaram a ética social de protestantes no Brasil assim como suas interpretações de eventos históricos. Contudo, o manuscrito vai muito além de narrar o uso do conceito de *Reino* no *Imprensa Evangélica*, pois situa a história do presbiterianismo durante o Império do Brasil dentro de dinâmicas históricas e teóricas mais amplas.

Além do rico uso de fontes históricas primárias produzidas no Brasil para um público brasileiro, o acesso que William Falcão teve a fontes históricas primárias produzidas nos Estados Unidos permitiu-lhe extrair influências e implicações transnacionais desta pesquisa crítica. Portanto, além de fortalecer o manuscrito, sua abordagem transnacional transformou *O Reino de Deus no Império do Brasil* em um modelo significativo para pesquisas que incluem atores históricos que vivem entre diferentes países e línguas.

A leitura deste livro não somente enriquecerá o conhecimento dos leitores sobre o protestantismo brasileiro, como também destacará o significado dessa história para uma melhor compreensão do Brasil atual.

João B. Chaves, Ph.D.
Assistant Professor of the History of Religion in the Americas
Baylor University

SUMÁRIO

INTRODUÇÃO 13

CAPÍTULO 1

OS PRESBITERIANISMOS E AS DUAS CIDADES. 25

1.1 Os presbiterianismos e as reformas religiosas na Europa 25

1.2 Os presbiterianismos nos Estados Unidos da América 33

1.3 Os presbiterianismos no Império do Brasil. 41

CAPÍTULO 2

A METÁFORA DO *REINO DE DEUS* NO JORNAL *IMPRENSA EVANGÉLICA*. 63

2.1 Considerações preliminares sobre linguagem e escatologia. 63

2.2 O uso de textos escatológicos no *Imprensa Evangélica* 75

2.3 O Reino de Deus e a felicidade a partir do *Imprensa Evangélica* 82

CAPÍTULO 3

NAS FRONTEIRAS DA HUMANIDADE: AS GUERRAS NOTICIADAS NA GÊNESIS DO PRESBITERIANISMO BRASILEIRO (1861-1870) 101

3.1 A guerra enquanto metáfora no *Imprensa Evangélica*. 102

3.2 As sombrias providências em narrativas sobre a Guerra Civil Americana (1861-1865) 106

3.3 Os paraguaios como bárbaros em notícias sobre a Guerra da Tríplice Aliança (1864-1870) 116

3.4 O Risorgimento italiano e o anticatolicismo 123

CONSIDERAÇÕES FINAIS. 131

REFERÊNCIAS 133

INTRODUÇÃO

O sociólogo polonês Zygmunt Bauman (1915-2017) nos deixou importantes reflexões sobre a temática esperança nos tempos de incerteza. Ele afirmou que a maioria das pessoas está, em certa medida, insatisfeita com a presente realidade. A felicidade tão procurada no mundo contemporâneo parecia inalcançável, mesmo aos que já obtiveram tudo o que um dia lhes ensinaram ser o caminho da harmonia e da satisfação.[1]

Dentre os diversos tipos de esperança, teríamos no mundo moderno uma inclinação aos modelos utópicos. A palavra utopia deriva da junção das duas palavras: *eutopia* (lugar bom) e *outopia* (lugar nenhum). Muitas vezes utopia é tratada como uma mentira ou algo impossível. No entanto, o termo se refere à realidade desejada pelo homem, porém não conhecida na presente ordem, não implicando na impossibilidade de existir no futuro. A palavra se tornou conhecida a partir do livro *Utopia*, de Thomas Morus[2] e marcou a expectativa moderna. Ainda de acordo com Bauman, a esperança utópica possuía duas características: "um sentimento irresistível de que o mundo não está funcionando da maneira adequada e de que era improvável concertá-lo sem uma revisão completa", e uma crença "na suficiência do homem para realizar essa tarefa"[3]. Haveria, pois, esperanças utópicas no século 21?

Na tentativa de responder a essa pergunta, Bauman lançou a palavra "utopia" na barra de pesquisas do Google. Os resultados não vincularam prioritariamente a palavra aos sonhos de paz coletiva na Terra realizados pela ação programada do homem. Eles estavam, na verdade, associados, sobretudo, à indústria do entretenimento. Jogos on-line, agências de turismos, roupas de grife e bebidas alcoólicas constaram no topo da lista do sociólogo. Apesar de o sociólogo não ter dado detalhes sobre o método empregado na pesquisa, sabemos que os resultados da sua busca estão em certa medida associados aos algoritmos formados pelo seu histórico de navegação.

Ainda segundo o autor, a paz e a alegria individualizadas que marcam a sociedade do consumo não findaram a sensação de desconforto e

---

[1]   BAUMAN, Zygmunt. **Tempos líquidos**. Rio de Janeiro: Jorge Zahar, 2007.
[2]   MORE, Thomas. **Libellus Vere Aureus Nec Minus Salutaris Quam Festivus De Optimo Reip. Statu Deq**; Nova Insula Utopia. Louvani: Thierry Martin, 1516.
[3]   BAUMAN, Zygmunt. **Tempos líquidos**. Rio de Janeiro: Jorge Zahar, 2007. p. 100-101.

de aprisionamento tanto em nível individual e familiar como em nível coletivo e público. O desafio posto no mundo pós-moderno é relembrado pelo sociólogo:

> É evidente que, num mundo povoado primeiramente por caçadores, há pouco espaço para devaneios utópicos, se é que existe algum; e não seriam muitas as pessoas inclinadas a tratar com seguridade os projetos utópicos, caso alguém oferecesse algum à sua consideração. E assim, mesmo que alguém soubesse como melhorar o mundo e assumisse plenamente a tarefa de melhorá-lo, a questão verdadeiramente intrigante seria: Quem tem os recursos suficientes e é forte o suficiente para fazer o que precisa ser feito?[4]

A hipótese de Bauman é que o receio de assumir a responsabilidade da busca por uma libertação válida para todos os homens tenha levado a sociedade contemporânea ao contentamento de propostas imediatas e individualistas. É certo, porém, que as respostas às opressões humanas refletidas em seus conflitos de ordem racial, familiar, nacional e trabalhista nem sempre foram encaradas e respondidas na lógica *presentista*[5] e individualista. Na busca de sintetizar diacronicamente a posição do homem diante da esperança, Bauman comparou três períodos históricos (pré-moderno, modernidade sólida, modernidade líquida) a partir da analogia do homem enquanto: guarda-caças, jardineiro e caçador.[6]

A ideia de que a "queda", o pecado original cometido por Adão, havia afetado a razão do homem o impedia de tomar decisões acertadas no sentido de superar os problemas decorrentes do pecado. Assim, o sentimento de insatisfação com a presente realidade era facilmente explicado pelos efeitos do pecado sobre o homem e sobre o cosmo. Além do peso da sua incapacidade, o homem sofria com as ações destrutivas de Satanás, o "grande inimigo" de Deus. A saída não estaria na tentativa humana em restaurar a ordem do mundo, mas na espera pela intervenção divina. Esse foi o homem pré-moderno, que livrava a humanidade da sua intervenção malévola sobre o mundo. Esse foi o guarda-caças.

---

[4] BAUMAN, Zygmunt. **Tempos líquidos**. Rio de Janeiro: Jorge Zahar, 2007. p. 106.

[5] O conceito de presenteísmo, do original présentisme, foi cunhado por François Hartog, o qual afirmou: "Historiador que se esforça para ficar atento ao seu tempo, observei ainda, como muitos outros, o crescimento rápido da categoria do presente até que se imponha a evidência de um presente onipresente. O que nomeio aqui presenteísmo". HARTOG, François. **Regimes de Historicidade**: Presentismo e Experiências do Tempo. Belo Horizonte: Autentêntica, 2013. p. 26.

[6] BAUMAN, Zygmunt. **Tempos líquidos**. Rio de Janeiro: Jorge Zahar, 2007. p. 106.

Na modernidade sólida, porém, o homem assumiu a postura de jardineiro, passando a depositar mais esperança em sua razão, pois ela não havia sido corrompida pelos efeitos do "pecado". O mesmo acontecia com a natureza e com a sociedade, que passaram a ser vistas como um grande jardim pronto para ser cuidado pelos homens. A consequência desse cuidado seria a felicidade de todos, não mais pelo retorno de Cristo, mas pelos prognósticos elaborados pelo homem.

Contudo, essa visão otimista quanto ao progresso não era generalizada. Sigmund Freud chamou atenção a incapacidade de os projetos civilizatórios modernos gerarem felicidade individual ou coletiva. O fundador da Psicanálise abordou as ilusões criadas pela civilização, que, ao apresentar seus benefícios, mascara as imposições danosas aos indivíduos que dela participam. Em suas palavras:

> Os homens se orgulham de suas realizações e têm todo direito de se orgulharem. Contudo, parecem ter observado que o poder recentemente adquirido sobre o espaço e o tempo, a subjugação das forças da natureza, consecução de um anseio que remonta a milhares de anos, não aumentou a quantidade de satisfação prazerosa que poderiam esperar da vida e não os tornou mais felizes.[7]

A fuga ao sofrimento imposto pela civilização, segundo Freud (2011), aconteceria em três frentes: na superação dos limites postos pelo corpo do ser humano; no domínio sobre a natureza; e no equilíbrio do relacionamento com os outros homens. Não encarando a civilização como um sinônimo de progresso, Freud escreveu sobre os perigos que o domínio humano sobre a natureza e a sociedade podem gerar: "Os homens adquiriram sobre as forças da natureza tal controle, que, com sua ajuda, não teriam dificuldades em se exterminarem uns aos outros, até o último homem. Sabem disso, e é daí que provém grande parte de sua atual inquietação, de sua infelicidade e de sua ansiedade"[8].

De acordo com Bauman, no decorrer do século 20, as bases das esperanças utópicas modernas foram minadas, sobretudo depois dos desastres das grandes guerras mundiais. desacreditado da capacidade humana em propor e executar uma solução válida para todos, o homem na modernidade liquida vive como um caçador em busca da felicidade individual no tempo

---

[7] FREUD, Sigmund. **O Mal-estar na civilização**. São Paulo: Penguin: Companhia das Letras, 2011. p. 17.

[8] FREUD, Sigmund. **O Mal-estar na civilização**. São Paulo: Penguin: Companhia das Letras, 2011. p. 94.

presente.[9] Para Bauman, a esperança do mundo moderno manifestada em suas diversas utopias se distanciava da esperança pré-moderna à medida que o centro do poder para a concretização da felicidade coletiva deslocava-se da intervenção divina, por ocasião do retorno de Cristo, para capacidade do homem de executar o estado de paz que a sua mente projetava.[10]

Reinhart Koselleck também defendeu a ideia de que a secularização da esperança foi uma das marcas do mundo moderno, sendo o próprio homem o principal responsável pela realização de uma paz coletiva na terra.[11] Portanto, desde então, vários embates foram travados no intuito de estabelecer os papéis e os limites entre indivíduos, famílias, Estados e religiões na execução dessa paz. A emergência da esperança centrada no homem, porém, parece não ter anulado as esperanças religiosas que conviveram e dialogaram com os projetos modernos, sendo cada experiência religiosa expressa mediante a força das ideias, um rico campo de investigação.

A esperança de um futuro melhor faz parte da ação humana no tempo, tornando a relação entre tal esperança e a experiência histórica um campo de investigação proveitoso para o exercício do historiador. Jean Delumeau, Jacques Le Goff, Christopher Hill e Reinhart Koselleck, mesmo trabalhando em diferentes frentes metodológicas, reconhecem a função das projeções sobre o futuro no agir histórico.[12]

Koselleck vai um pouco além ao enfatizar que tais projeções não apenas estão ligadas ao agir histórico, mas também às formulações das temporalidades das comunidades realizadas pelas relações entre as percepções de passado, presente e futuro.[13]

> Futuros diferentes são projetados em diferentes níveis dos mesmos conceitos. Mas todos os conceitos têm extensão e intensidade temporais, e todos os conceitos históricos estão embutidos em estruturas verbos-temporais.[14]

---

[9]   BAUMAN, Zygmunt. **Tempos líquidos**. Rio de Janeiro: Jorge Zahar, 2007. p. 111.

[10]   BAUMAN, Zygmunt. **Tempos líquidos**. Rio de Janeiro: Jorge Zahar, 2007. p. 110-115.

[11]   KOSELLECK, Reinhart. **Crítica e Crise**. Rio de Janeiro: Eduerj: Contraponto, 1999. p. 14-15.

[12]   DELUMEAU, Jean. **Mil anos de Felicidade: uma história do paraíso**. São Paulo: Companhia das Letras, 1997; KOSELLECK, Reinhart. **Futuro Passado**: contribuição à semântica dos tempos históricos. Rio de Janeiro: Contraponto: Ed. PUC-Rio, 2006; LE GOFF, Jacques. **História e memória**. 5. ed. Campinas: Unicamp, 2003; HILL, Christopher. **A Bíblia Inglesa e as Revoluções do século XVII**. Rio de Janeiro: Civilização Brasileira, 2003.

[13]   MONTIZKIN, Gabriel. A Intuição de Koselleck acerca do Tempo na História. *In:* JASMIN, Marcelo Gantus; JÚNIOR, João Feres (org.). **História dos Conceitos**. Rio de Janeiro: Ed. PUC-Rio: Ed. Loyola: Iuperj, 2006. p. 77.

[14]   MONTIZKIN, Gabriel. A Intuição de Koselleck acerca do Tempo na História. *In:* JASMIN, Marcelo Gantus; JÚNIOR, João Feres (org.). **História dos Conceitos**. Rio de Janeiro: Ed. PUC-Rio: Ed. Loyola: Iuperj, 2006. p. 81.

Ainda sobre as diferentes projeções de futuro, há as seguintes questões: "quando será esse futuro?", "para quem serão essas melhoras?" e "quem serão os responsáveis pela sua execução?". As respostas variam em cada experiência histórica analisada. Outrossim, a divergência é evidente nos motivos pelos quais os homens não experimentam a felicidade que tanto anseiam. Ou seja, quais problemas são identificados em um dado período histórico como fatores de entrave à felicidade dos integrantes de uma dada comunidade?

Supomos, portanto, que tais variações não possam ser facilmente sintetizadas. Considerar a síntese da esperança na diacronia implica o rigor metodológico de atentar para as variantes dos lugares sociais e históricos dos sujeitos que as vivenciaram. Concluir sobre a esperança no mundo moderno, ou no Brasil do século 19, exige a comparação dos sujeitos dos mais variados grupos sociais. Não seria a constatação da secularização da esperança do mundo moderno apenas um deslocamento do objeto de estudo, substituindo os intelectuais ligados à Igreja do período pré-moderno pelos intelectuais ligados à política no período moderno?

No livro *Mil Anos de Felicidade*, Delumeau (1997) mostra como houve o processo de secularização da esperança escatológica. Antes da modernidade, a esperança estava baseada na intervenção de Deus, que, ao estabelecer-se na Terra o Reino Milenar, traria paz aos homens. Tal evento, porém, seria precedido de eventos cataclísmicos que assolariam a vida humana. Na modernidade, portanto, a esperança passou a laicizar-se. A harmonia entre os homens e a melhoria da condição de vida no planeta não seriam mais uma responsabilidade divina, mas humana. Isso também aponta para as mudanças na forma de os homens compreenderem a si mesmos e darem sentido às suas experiências.[15]

Como diante dos limites às sínteses sobre a esperança em perspectivas diacrônicas, as quais tentem a tratar a esperança de certos grupos como a esperança de um período histórico, nos propomos a fazer uma análise mais específica, mais limitada. Diante de uma inquietação quanto à tese amplamente aceita de que tivemos na modernidade um processo de secularização da expectativa moderna, nos propomos a investigar a esperança religiosa a partir do estudo do conceito religioso de *Reino de Deus* a partir do jornal *Imprensa Evangélica* (1864-1889), fundado por missionário presbiteriano vindo do norte dos Estados Unidos da América

---

[15] DELUMEAU, Jean. **Mil anos de Felicidade**: uma história do paraíso. São Paulo: Companhia das Letras, 1997.

(EUA). Faremos isso considerando as categorias de análise do historiador Koselleck, para quem é possível investigar historicamente as esperanças nas relações entre o "espaço de experiência" e o "horizonte de expectativa", pois:

> Essas categorias são para o historiador de natureza semelhante às categorias de "tempo" e "espaço". Não há expectativa sem experiência e não há experiência sem expectativa. Essas duas categorias indicam condições humanas universais. Elas remetem a um dado antropológico prévio, sem o qual a história não seria possível, ou não poderia sequer ser imaginada. Todas as histórias foram construídas pelas experiências vividas e pelas expectativas das pessoas que atuam ou que sofrem.[16]

Por ser uma instituição religiosa arraigada aos ensinamentos teológicos, desconfiamos que tal conceito, na formação da Igreja Presbiteriana do Brasil, foi construído também em meio aos embates teológicos, aos princípios hermenêuticos utilizados na compreensão dos textos bíblicos, e as discussões filosóficas correntes no século 19.

Ao tratar o desafio do ofício do historiador no estudo de temas ligados ao religioso, Virgínia A. Castro Buarque sugere que:

> Encampar a singularidade da história religiosa apresenta problemas peculiares, pois considerando-se a premissa teórica de que cada disciplina científica constrói o seu próprio objeto, mostra-se indispensável ao conhecimento histórico precisar conceitualmente os significados conferidos ao religioso na prática de escrita da história das igrejas cristãs.[17]

A busca pela compreensão de como os historiadores interpretaram *as ideologias religiosas* ao escreverem sobre um dado período histórico foi objeto de reflexão para Michel de Certeau (1982) em *A Escrita da História*. Conforme o intelectual, o conhecimento religioso demanda um tratamento específico que considere as peculiaridades da religião.

> Porém, como objeto de seu trabalho, a teologia se lhe apresenta sob duas formalidades igualmente incertas na

---

[16] KOSELLECK, Reinhart. **Futuro Passado**: contribuição à semântica dos tempos históricos. Rio de Janeiro: Contraponto: Ed. PUC-Rio, 2006. p. 307-308.

[17] BUARQUE, V. A. C. A especificidade do religioso: um diálogo entre historiografia e teologia. **Projeto História**: Revista do Programa de Estudos Pós-Graduados de História, [s. l.], v. 37, n. 2, 2010. Disponível em: https://revistas.pucsp.br/index.php/revph/article/view/3044. Acesso em: 12 mar. 2024.

historiografia; é um fato religioso; é um fato de doutrina. Examinar, através deste caso particular, a maneira pela qual os historiadores tratam hoje destes dois tipos de fatos e particularizar quais os problemas epistemológicos que se abrem assim é o propósito deste breve estudo.[18]

Portanto, não se pode reduzir o pensamento religioso ao fenômeno religioso ou à instituição. Tal distinção parece imprescindível para que o historiador não cometa generalizações quanto às implicações das ideologias religiosas sobre a prática religiosa e sobre o período histórico analisado.

Evitaremos tratar as doutrinas religiosas como fatos religiosos. Por outro lado, verificaremos como as doutrinas religiosas se relacionam com as experiências dos presbiterianos com outras informações históricas do período estudado.[19]

Ainda sobre a relação entre a ideologia religiosa e a história, Certeau lança as seguintes questões:

Qual é o significado histórico de uma doutrina no conjunto de um tempo? Segundo quais critérios compreendê-la? Como explicá-la em função dos termos propostos pelo período estudado? Questões particularmente difíceis e controvertidas, quando não nos contentamos com uma pura análise literária dos conteúdos ou da sua organização e quando, por outro lado, recusamos a facilidade de considerar a ideologia apenas como um epifenômeno social, suprimindo-se a especificidade da afirmação doutrinária.[20]

Em nosso trabalho, atentaremos para as ideologias religiosas associadas à doutrina das últimas coisas (escatologia), à antropologia teológica e à doutrina da salvação (soteriologia), verificando, também, de que maneira Antônio Gouvêa Mendonça fez uso de tais doutrinas ao tirar conclusões sobre a inserção do protestantismo no Brasil. Selecionamos Mendonça (2008) uma vez que as ideologias religiosas referentes ao conceito de *Reino de Deus* aparecem em evidência em seu trabalho.[21] Ademais, a sua tese continua sendo tomada como referência nos mais recentes trabalhos sobre o presbiterianismo no Brasil. Além de anali-

---

[18]   CERTEAU, Michel de. **A Escrita da História**. Rio de Janeiro: Forense Universitária, 1982. p. 30.

[19]   CERTEAU, Michel de. **A Escrita da História**. Rio de Janeiro: Forense Universitária, 1982. p. 123-130.

[20]   CERTEAU, Michel de. **A Escrita da História**. Rio de Janeiro: Forense Universitária,1982. p. 25.

[21]   MENDONÇA, Antônio Gouvêa. **Celeste porvir**: a inserção do protestantismo no Brasil. São Paulo: Editora da Universidade de São Paulo, 2008.

sarmos as conclusões dessa tese sobre o posicionamento teológico dos presbiterianos, ou seja, da ideologia religiosa, veremos de que maneira ela foi articulada ao agir histórico.[22]

Ao investigar na historiografia as relações das doutrinas do Destino Manifesto e do *Reino de Deus* com os empreendimentos missionários, Robério Américo identificou duas posições que representam lados opostos do mesmo paradigma da "causa e consequência" no desenrolar dos acontecimentos da história do presbiterianismo. A primeira posição representa uma abordagem marxista defendida por Muniz Bandeira, classificada por Américo como uma perspectiva estruturalista da sociedade. A segunda, defendida por Antônio Gouvêa Mendonça, propõe que o Destino Manifesto é uma consequência política de um ideário religioso anterior.[23]

Iniciamos o nosso trabalho tendo como referência as categorias de análise de "espaço de experiência" e de "horizonte de expectativa" propostas por Reinhart Koselleck (2006), para quem a investigação dos conceitos é um elemento chave para a compreensão das experiências e das expectativas históricas. Koselleck defende a importância dos conceitos históricos e sua relevância para a História Social, demonstrando que a investigação dos conceitos não se limita ao campo do estudo da linguagem ou mesmo da História Conceitual.

> Torna-se, portanto, igualmente relevante, tanto do ponto de vista da história dos conceitos quanto da história social, saber a partir de quando os conceitos passam poder ser empregados de forma tão rigorosa como indicadores de transformações políticas e sociais de profundidade histórica. [...] A ocorrência frequente de processos de ressignificação de termos, assim como a criação de neologismos que, com o uso frequente, acabaram por transformar o campo de experiências política e social, definindo novos horizontes de expectativas. [...] A isso se segue uma exigência metodológica mínima: a obrigação de compreender os conflitos

---

[22] Quanto a escrita da História sobre o presbiterianismo brasileiro, nos deparamos com uma vastíssima referência bibliográfica. Dentro desta vasta publicação, não são poucos os trabalhos que se propõe a fazer uma revisão historiográfica. Contudo, não encontramos um trabalho que analise com rigor o local de produção dos historiadores que escreveram sobre o presbiterianismo como a tese "Escritos nas Fronteiras: os livros de História do protestantismo brasileiro (1928-1982)", defendida na Universidade Estadual Paulista (Unesp), por Tiago Hideo Barbosa Watanabe. Dentre os trabalhos recentes sobre a inserção do protestantismo de missão no Brasil, não podemos deixar de mencionar as contribuições de Lyndon Santos Araújo e Leonildo Silveira Campos.

[23] SOUZA, Robério Américo do Carmo. **Fortaleza e a nova fé**: a inserção do protestantismo na capital cearense (1882-1915). Dissertação (Mestrado em História) – Pontifícia Universidade Católica, São Paulo, 2001. p. 25.

sociais e políticos do passado por meio das delimitações conceituais e da interpretação dos usos da linguagem feitos pelos contemporâneos de então.[24]

Ainda segundo as premissas de Koselleck (2006):

O método da história dos conceitos é uma condição *sine qua non* para as questões da história social exatamente porque os termos que mantiveram o significado estável não são, por si mesmos, um indício de manutenção do mesmo estado de coisas do ponto de vista da história dos fatos; por outro lado, fatos cuja alteração se dá lentamente, a longo prazo, podem ser compreendidos por meio de expressões bastante variadas. [...] A história dos conceitos trabalha, portanto, sob a premissa teórica da obrigatoriedade de confrontar e medir a permanência e alteração, tendo esta como referência daquela.[25]

Como a nossa investigação parte do conceito religioso de *Reino de Deus* e Koselleck, porém, tem seu trabalho mais dedicado ao estudo dos conceitos políticos, entendemos que o trato com conceitos religiosos demanda uma especificidade que não pode ser encontrada em sua obra. Apesar de termos levantado as problemáticas desta pesquisa no decorrer da leitura sobre questões de temporalidade, de conceitos históricos e das categorias de análise do historiador desde a sua obra, tivemos que recorrer à outra vertente teórica cuja análise do conceito não se baseia na linguística estruturalista de Ferdinand Saussure.[26] Recorremos, assim, à teoria da linguagem de Paul Ricoeur, especialmente nas suas reflexões sobre hermenêutica e sobre o conceito de metáfora viva.[27]

Na investigação do conceito de *Reino de Deus*, teremos como fonte principal o periódico *Imprensa Evangélica* (1864-1889), considerando a sua importância como um dos principais meios de difusão das ideias de uma vertente presbiteriano no Império do Brasil. Consideramos a singularidade histórica dos discursos difundidos no periódico *Imprensa Evangélica*, sem limitar nem desprezar os seus ascendentes históricos ou mesmo os ideais culturais e filosóficos tidos predominantes entre os contemporâneos de então.

---

[24] KOSELLECK, Reinhart. **Futuro Passado**: contribuição à semântica dos tempos históricos. Rio de Janeiro: Contraponto: Ed. PUC-Rio, 2006. p. 101-103.

[25] KOSELLECK, Reinhart. **Futuro Passado**: contribuição à semântica dos tempos históricos. Rio de Janeiro: Contraponto: Ed. PUC-Rio, 2006. p. 114.

[26] SAUSSURE, Ferdinand. **Curso de Lingüística Geral**. 30. ed. São Paulo: Cultrix, 2002.

[27] RICOEUR, Paul. **A metáfora viva**. São Paulo: Edições Loyola, 2000.
RICOEUR, Paul. **Hermenêutica bíblica.** São Paulo: Edições Loyola, 2006.

Partindo da teoria da metáfora de Paul Ricoeur (2000)[28], investigamos as relações entre o conceito de *Reino de Deus* dos presbiterianos e as expectativas modernas correntes no Império do Brasil na segunda metade do 19, a partir do periódico *Imprensa Evangélica* (1864-1889). A hipótese inicial foi a de que o periódico desempenhava uma função para além da propagação da mensagem de uma salvação individual das almas, expressando uma concepção de *Reino de Deus* que implicava na crença no progresso e na melhoria da condição humana, se inserindo no debate intelectual sobre o futuro do Brasil na segunda metade do 19. Para isso, buscamos: compreender como o conceito de *Reino de Deus* foi concebido pelo presbiterianismo, verificando as aproximações e distanciamentos de outras concepções de Reino e com outras teorias relacionadas ao progresso e à modernidade no Brasil; identificar quais acontecimentos e condições históricas do período estudado foram apresentados no periódico como entraves ao avanço do *Reino de Deus*; investigar os papéis atribuídos ao Estado, à Igreja, aos indivíduos e às famílias na expansão do *Reino de Deus*.

Primeiramente, no capítulo um, "Os Presbiterianismos e as Duas Cidades" abordaremos panoramicamente a história do presbiterianismo considerando: a sua relação com as reformas religiosas e o surgimento das igrejas nacionais na Europa; o seu desenvolvimento enquanto denominação no processo de formação dos Estados Unidos; e a sua inserção no Brasil, sobretudo a partir da missão de Ashbel Green Simonton (1833-1867) e do primeiro periódico protestante (o *Imprensa Evangélica*). Não escolhemos o termo "duas cidades" por assumirmos previamente que as variações do presbiterianismo aderiram à teologia agostiniana quanto à divisão entre a "cidade de Deus" e a "cidade dos homens", mas por enfatizarmos a perspectiva da instituição da relação entre a Eclésia e as autoridades seculares diante da esperança escatológica.

No capítulo dois, "A Metáfora do *Reino de Deus* no jornal *Imprensa Evangélica*", avançaremos na investigação do conceito de *Reino de Deus* a partir do periódico *Imprensa Evangélica*, considerando os elementos da linguagem que o perpassam e os seus aspectos metafóricos. Sintetizaremos os conceitos chaves da escatologia de modo a verificar a sua relação com a História. Antes de explorarmos a perspectiva escatológica presbiteriana, na gênese do protestantismo brasileiro, consideraremos as principais variações do conceito de *Reino de Deus* de acordo com as diferentes ver-

---

[28] RICOEUR, Paul. **A metáfora viva**. São Paulo: Edições Loyola, 2000.

tentes protestantes. Atentaremos para as distinções entre escatologia futura e realizada, individual e coletiva no intuito de verificar, a partir do uso do conceito de *Reino de Deus* e de citações escatológicas presentes no *Imprensa Evangélica*, as possíveis relações entre as ideologias religiosas e o agir histórico dos presbiterianos no Império do Brasil.

No último capítulo "Nas fronteiras da humanidade: as guerras noticiadas no início do presbiterianismo brasileiro (1861-1870)", veremos que, antes de serem encaradas apenas como eventos traumáticos e catastróficos, as guerras foram vistas pelos presbiterianos como parte da "providência divina". Neste capítulo, investigaremos de que maneira a Guerra de Secessão nos Estados Unidos da América (1861-1865), a Guerra do Paraguai (1864-1870) e o Risorgimento italiano (1861-1870) foram apresentados no periódico *Imprensa Evangélica*. Consideraremos as intercessões entre a antropologia teológica presbiteriana e o conceito de humanidade, verificando os papéis atribuídos a Deus e ao homem na senda do progresso, a partir das seguintes relações: homem-trabalho na Guerra de Secessão; homem-nação na Guerra do Paraguai; e homem-religião no Risorgimento italiano.

CAPÍTULO 1

OS PRESBITERIANISMOS E AS DUAS CIDADES

1.1 Os presbiterianismos e as reformas religiosas na Europa

As bases da Igreja Presbiteriana remontam aos movimentos reformistas religiosos vivenciados na Europa do século 16. A denominação presbiteriana deriva do movimento da Reforma Protestante que tem como referência o teólogo João Calvino. Suas principais doutrinas, no que diz respeito ao ser de Deus, à sua revelação, tanto a geral como a especial, à organização e administração da Igreja e aos meios de graça, estão fundamentadas nos escritos de Calvino e em obras posteriores, como o *Catecismo e a Confissão de Westminster* (1647).[29]

A Igreja fundada por John Knox, na Escócia, tinha boa parte das suas ideias vinculadas ao pensamento de João Calvino, que partia de uma teologia política e de uma escatologia distintas do reformador alemão Martinho Lutero. Para Lutero, a percepção da passagem acelerada no tempo se tratava de uma abreviação do tempo instituída por Deus e apontava para o Juízo Final.[30]

---

[29] The Humble Advice of the Assembly of Divines Now by Authority of Parliament Sitting at Westminster Concerning a Confession of Faith: Presented by Them Lately to Both Houses of Parliament. a Certain Number of Copies Are Ordered to Be Printed Only for the Use of the Members of Both Houses and of the Assembly of Divines to the End That They May Advise Thereupon. London: Printed for the Company of Stationers, 1647.
Ver tradução baseada na primeira versão europeia:
ASSEMBLEIA DE WESTMINSTER. **A Confissão de Fé de Westminster.** Tradução de Filipe Luiz C. Machado e Joelson Galvão Pinheiro. São Paulo: Congregação Puritana Livre, 2013.
Ver tradução baseada na versão americana:
ASSEMBLEIA DE WESTMINSTER. **O Breve Catecismo De Westminster**. São Paulo: Editora Cultura Cristã, 2021.
[30] KOSELLECK, Reinhart. **Futuro Passado**: contribuição à semântica dos tempos históricos. Rio de Janeiro: Contraponto: Ed. PUC-Rio, 2006. p. 25.
De acordo com Koselleck para Robespierre, porém, se tratava de uma aceleração executada e controlada pelo homem, instaurando na terra tempos de felicidade e liberdade, que seriam completos no futuro. Ao comparar o "horizonte de expectativa" de dois sujeitos em lugares sociais e atuações tão diferenciados, é possível identificar claramente uma contraposição. Mas tal contraposição seria necessariamente a mudança de um período histórico para outro ou uma divergência entre a visão de mundo dos indivíduos selecionados? A visão de que o mundo não melhoraria antes do retorno de Cristo seria necessariamente pré-moderna, ou uma expectativa de Lutero, ou mesmo de um grupo de monges agostinianos? Não seriam as relações entre Deus, autoridades seculares, autoridades eclesiásticas e homens comuns mais complexas no intuito não agravar a situação do

Por mais que Martinho Lutero não tivesse esperança na possibilidade da existência de paz na presente ordem, ele nutria uma esperança futura: o retorno de Cristo. Enquanto isso não acontecesse, a vida na terra seria caótica. Sobre os últimos dias, o seu único pedido de oração era para que "eles não se agravassem mais ainda"[31]. Ou seja, até o dia do Juízo Final, não haveria perspectiva de melhora. Portanto, as tentativas humanas de alterarem a ordem social estabelecida não apenas seriam encaradas como inúteis, como seriam consideradas afrontas ao Criador e Sustentador de todas as coisas, o qual instituiu por soberana vontade as autoridades terrenas conhecidas.

Como defendeu Lucien Febvre (2012), esta percepção de Lutero partia da concepção agostiniana dos dois mundos, ou das duas cidades: a *Cidade dos Homens* e a *Cidade de Deus*. O cristão não seria verdadeiramente livre ao romper com as amarras impostas pelos soberanos terrenos opressores, mas ao manter a sua satisfação em Deus. Seria, então, um mal necessário à aceitação das opressões políticas, dos males das guerras e das iniquidades dos príncipes. Sobre tal perspectiva, vejamos o que Febvre escreveu:

> E, aliás, o raciocínio que Lutero opôs aos iconoclastas – "se as imagens não têm sentido, por que, então, insurgir-se contra elas?" - aplicava-se bem demais aos príncipes: "Que poder eles possuem sobre as almas? Nenhum. Por que então erguer-se contra uma tirania que não atinge a autêntica pessoa?" Não nenhuma colaboração com as rebeliões.[32]

Tal expectativa, porém, não foi exclusiva no tempo de Lutero. Os próprios camponeses anabatistas, grupo ao qual Lutero se opôs diretamente, não se contentaram com a explicação da existência dos dois mundos (a Cidade de Deus e a Cidade dos homens) como uma justificativa válida para a manutenção daquela ordem vigente que os massacrava. Antes de esperarem o retorno de Cristo, eles movimentaram-se em busca de uma vida no mundo terreno mais condizente com a vida esperada no céu. Por mais que estes homens simples não carregassem uma esperança laica, é possível verificar neles um reconhecimento do papel ativo atribuído aos

---

mundo ou mesmo de torná-lo melhor? E se investigarmos a expectativa de um monge agostiniano francês no contemporâneo de Robespierre, verificaremos a mesma ruptura quanto à esperança futura?

[31] KOSELLECK, Reinhart. **Futuro Passado**: contribuição à semântica dos tempos históricos. Rio de Janeiro: Contraponto: Ed. PUC-Rio, 2006. p. 26.

[32] FEBVRE, Lucien. **Martinho Lutero, Um Destino**. São Paulo: Três Estrelas, 2012. p. 27.

homens no processo de transformação, e não de manutenção da ordem vigente, contrariando os ensinamentos de Lutero, que ordenou o massacre do grupo.[33]

Mesmo considerando o discurso teológico dos líderes eclesiásticos, vale ressaltar que a falta de esperança quanto à melhoria de vida na Terra antes do retorno de Cristo, não se fez presente em todas as igrejas e pensadores protestantes. Outras vertentes, sobretudo as de visão escatológica pós-milenaristas, acreditavam na resolução dos conflitos humanos em seus variados âmbitos, findando as disputas entre nações, raças e famílias antes do retorno de Jesus Cristo.

Tal esperança, diferentemente das utopias, não era fundada na capacidade exclusiva do homem, mas na sua cooperação com a obra que Deus estava realizando ou começaria a realizar no mundo por ocasião do início do *Reino Milenar* que traria felicidade por um período de mil anos. De acordo com Delumeau (1997)[34], é possível identificar tal corrente teológica no início do século XVII, sendo o anglicano Daniel Whitby[35] um dos que defendia que o milênio começaria apenas depois da queda do Anticristo, que durante o milênio Cristo permaneceria no céu enquanto os cristãos reinavam na terra, e que o retorno de Cristo seria apenas no momento do julgamento final.

Os reformadores Calvino e Lutero apresentavam visões distintas sobre a sujeição dos indivíduos ao poder político estabelecido. Enquanto Lutero pensava que as autoridades seculares não poderiam ser depostas, Calvino acreditava que a apostasia de um rei legitimava a sua retirada do poder. Para Hill (2003), tal princípio revolucionário de Calvino teria sido favorecido pelo governo republicano de Genebra.

> [...] Segundo Calvino, "não há nada mais pernicioso do que um príncipe temível e corrupto, espalhando suas corrupções por todo o corpo." O seu comentário sobre Daniel demonstrou o quanto era necessário a subordinação dos príncipes terrestres a Deus." Em outro Comentário relativo aos Salmos, Calvino foi bastante severo em relação aos reis – Salmo 82.[36]

---

[33] FEBVRE, Lucien. **Martinho Lutero, Um Destino**. São Paulo: Três Estrelas, 2012. p. 261-273.

[34] DELUMEAU, Jean. **Mil anos de Felicidade**: uma história do paraíso. São Paulo: Companhia das Letras, 1997. p. 245.

[35] WHITBY, Daniel. **A Paraphrase and Commentary on the New Testament in Two Volumes**. 2nd ed. London: W. Bowyer for Awnsham and John Churchill, 1706.

[36] HILL, Christopher. **A Bíblia Inglesa e as Revoluções do século XVII**. Rio de Janeiro: Civilização Brasileira, 2003. p. 89.

> [...] E na discussão do Salmo 94 ele fez o mesmo quanto aos tiranos e juízes perversos, "Os príncipes da terra se despem de toda autoridade quando vão contra Deus ou eles não merecem ser contados em meio aos homens. Nós, antes, devemos cuspir em seus rostos do que obedecer-lhes quando eles [...] retiraram de Deus seus Direitos."[37]

Ainda sobre a perspectiva de revolta calvinista, Hill (2003) comentou que:

> A teoria calvinista de uma revolta liderada pelos magistrados afirmava que os magistrados inferiores podiam representar o "povo" contra o rei. Havia princípios religiosos e atitudes inerentes à atitude puritana em relação à comunidade dos fiéis que predispusessem os puritanos (e não apenas os presbiterianos) a teorias populares sobre o poder e à concomitante ênfase no papel de um consenso ativo na prática do governo.[38]

Para Koselleck (1999), a origem do Estado Absolutista deve ser compreendida sob a ótica do contexto das guerras civis religiosas europeias. Por outro lado, o seu fim está atrelado a um outro tipo de guerra civil: a Revolução Francesa. O absolutismo seria uma resposta, criticada posteriormente por alguns pensadores do iluminismo, ao caos instaurado nos reinos durante as guerras civis religiosas. O monarca absoluto colocar-se-ia acima das religiões, não reconhecendo instâncias superiores a si mesmo, com exceção de Deus. A moral religiosa vinculada a um segmento religioso, portanto, não adentraria no espaço público. A moral pública seria instituída pelo juízo do soberano, não pelas consciências individuais dos seus súditos. Consequentemente, a política estava subordinada à moral e à legitimação temporal do soberano, caracterizando-se, portanto, não mais pelo domínio de um dos segmentos religiosos mais influentes no reino.[39]

Na obra *O nascimento e a Afirmação da Reforma*, Delumeau (1989) sintetizou as principais doutrinas de Calvino, o qual distinguia a igreja invisível da visível. Enquanto a primeira era composta tão somente dos eleitos conhecidos apenas por Deus, a igreja visível era uma manifestação temporal e imperfeita da Eclésia, sendo composta por todos os que mani-

---

[37] HILL, Christopher. **A Bíblia Inglesa e as Revoluções do século XVII**. Rio de Janeiro: Civilização Brasileira, 2003. p. 92.

[38] HILL, Christopher. **A Bíblia Inglesa e as Revoluções do século XVII**. Rio de Janeiro: Civilização Brasileira, 2003. p. 380.

[39] KOSELLECK, Reinhart. **Crítica e Crise**. Rio de Janeiro: Eduerj: Contraponto, 1999. p. 21-25.

festam publicamente a fé em Cristo. Esta última não era uma comunidade livre, mas uma organização obrigatória que deveria ser composta pelos integrantes da cidade, mantida e apoiada pelas autoridades seculares. Ela era dividida em quatro ministérios: pastores, doutores, consultório e diáconos.[40] Quanto as relações da igreja com o estado, Delumeau afirmou que:

> Calvino lutou para que essa igreja visível ficasse não separada do Estado, mas autônoma em relação a ele. Não teve êxito senão muito parcialmente nesta empresa, e, após sua morte, a autoridade do magistrado sobre a igreja local se tornou mais pesada ainda. Genebra acompanhou, por conseguinte, a evolução de Basileia, Berna e Estrasburgo.[41]

Por um lado, o reformador recusava a autoridade da tradição e do papa. Por outro, protestava com igual vigor contra os "iluminados", os "sectários" e os "entusiastas" que acreditavam que o Espírito Santo continuava com revelações em cada cristão, independentemente dos textos bíblicos. As escrituras sagradas seriam, nesta perspectiva, suficientes para instruir os cristãos na salvação e santificação.[42] Com isso, Calvino não sustentava que a Bíblia era exclusiva no desenvolvimento da fé dos cristãos. Antes, todo material produzido para a edificação e toda autoridade instituída na eclésia seriam importantes, desde que fossem baseados naquilo que consideravam interpretação correta da bíblia. Aqui nós temos uma complexa relação. O princípio da suficiência das escrituras foi mantido pelas igrejas que derivavam das reformas religiosas. No entanto, essas igrejas elaboraram confissões de fé, catecismos e manuais litúrgicos, não como regras de fé, mas como materiais auxiliares. Apesar de serem tidos como materiais auxiliares, as pessoas comuns que os confrontassem estariam sujeitas às mais duras penas.

No presbiterianismo europeu houve a elaboração da *Confissão de Fé de Westminster*[43], que passou por modificações nos Estados Unidos.

---

[40] DELUMEAU, Jean. **O nascimento e a afirmação da reforma**. São Paulo: Enio Matheus Guazzelli & Cia, 1989. p. 126.

[41] DELUMEAU, Jean. **O nascimento e a afirmação da reforma**. São Paulo: Enio Matheus Guazzelli & Cia, 1989. p. 124.

[42] DELUMEAU, Jean. **O nascimento e a afirmação da reforma**. São Paulo: Enio Matheus Guazzelli & Cia, 1989. p. 127.

[43] "Elaborada entre 1643 e 1646, e aprovada em 1647 na assembleia geral da Igreja da Escócia, a Confissão foi formada numa assembleia composta por membros da Igreja da Inglaterra, Escócia e Irlanda reunidos da Abadia de Westminster. Havia 121 pastores e mestres e 30 homens da Inglaterra, sendo 10 da Casa dos lordes" e 20 da Casa dos Comuns. Era composta por 39 artigos. A confissão adotada nos Estados Unidos, por se tratar de uma Igreja desestatizada, conteve algumas alterações, dentre elas a não interferência dos magistrados civis

Os presbiterianos do Sínodo da Filadélfia expressaram desde 1729 uma insatisfação quanto ao capítulo 23 da Confissão de Westminster, que determinava autoridade dos magistrados civis sobre as instituições eclesiásticas. Assim, na formação da Assembleia Geral da Igreja Presbiteriana dos Estados Unidos da América, em 1787, alteraram o referido capítulo.[44] No Brasil, seguindo a perspectiva estadunidense, a confissão foi mantida com algumas alterações e difundida pelo *Imprensa Evangélica*, que também apresentava sermões, estudos dirigidos e outros materiais que objetivavam a solidificação da fé dos cristãos protestantes e a evangelização dos que ainda não eram protestantes.

Nessa perspectiva, o homem estaria tão imerso no pecado que seria incapaz de reconhecer e viver aquilo que a revelação divina prescreve. Assim, somente a intervenção de Deus poderia dar a ele a fé salvadora. Essa intervenção foi iniciada por um decreto antes da fundação do mundo, quando supostamente Deus havia elegido uns para a salvação eterna e outros para a condenação eterna. As boas obras e a aceitação da revelação seriam as evidências da eleição para a salvação. Não se trataria de uma salvação evidenciada pela riqueza material, mas pela vida piedosa.[45]

Segundo Delumeau[46], para Calvino (2009) o sacramento não tem um mero caráter simbólico, como defendia Zwinglio, nem uma força mágica, como acusava aos católicos. Logo, não se trata de um meio de se receber a graça salvadora. O batismo infantil foi mantido pelo reformador que tomou como base a afirmação de Cristo no Evangelho de Mateus 19:14 "vinde a mim as criancinhas".

Segundo Calvino (2009), Deus não deve ser incriminado por usar agentes ímpios para a concretização de seus bondosos propósitos. Para tal, ainda que ajam em oposição à vontade divina, ela é cumprida por eles à medida que Deus pode transformar o mal em bem: "Portanto, cabe-nos provar que Deus rege de tal modo cada evento individual, e de tal sorte

---

na manutenção da unidade da igreja, supostamente ameaçada por desvios doutrinários, como acontecia na confissão adotada na Europa".
ASSEMBLEIA DE WESTMINSTER. **A Confissão de Fé de Westminster.** Tradução de Filipe Luiz C. Machado e Joelson Galvão Pinheiro. São Paulo: Congregação Puritana Livre, 2013. p. 5-17.

[44] HART, D. G. Implausible: Calvinism and American Politics. *In*: DAVIS, Thomas (ed.). **John Calvin's American Legacy.** New York: Oxford University Press, 2010. p. 77-85.

[45] CALVINO, João. **As Institutas da Religião Cristã.** v. 2. São Paulo: Ed. Unesp, 2009. p. 45, 46, 48-49, 54-56, 57, 58, 64-68.

[46] DELUMEAU, Jean. **O nascimento e a afirmação da reforma.** São Paulo: Enio Matheus Guazzelli & Cia, 1989. p. 132.

todos eles provêm de seu conselho determinado, que nada acontece por acaso"[47]. O reformador afirmou que Deus não apenas assistia aos eventos do universo, mas governa sobre todos transformando-se na primeira causa de tudo, como foi observado por Delumeau seguir:

> Raciocínio idêntico vale em relação à contingência dos eventos futuros. Como todas as coisas futuras nos são incertas, por isso as temos em suspenso, como se houvessem de inclinar para um lado ou para outro. Entretanto, permanece não menos arraigado em nosso coração que nada haverá de acontecer que o Senhor já não o haja provido.[48]

Ainda de acordo com as *Institutas* de Calvino, o homem teria sido criado sem mácula e, por isso, Deus não poderia ser o culpado pelo pecado humano. Depois do pecado, a imagem de Deus no homem foi corrompida e só poderia ser restaurada na pessoa de Cristo. Por conseguinte, a maior parte das motivações das ações de Deus estariam ocultas ao homem, que por sua ignorância não consegue discerni-las: "Entretanto, uma vez que a ordem, a razão, o fim, a necessidade dessas coisas que acontecem jazem em sua maior parte ocultas no conselho de Deus e não são apreendidos pela opinião humana"[49].

Na Escócia, desenvolveu-se o presbiterianismo, cujo teólogo de referência é João Calvino. George Wishart, enviado para a fogueira, foi sucedido pelo fundador do presbiterianismo John Knox, que, por conta da perseguição, trabalhou na Inglaterra e em Genebra. Posteriormente, retornou à Escócia, de onde, em decorrência de uma nova perseguição, teve que sair novamente. Em Genebra, conheceu João Calvino. Em 1559, ele foi chamado por seus compatriotas.[50]

No período das guerras civis da Inglaterra, Knox foi exilado, sendo preso em 1547 juntamente com outros intransigentes e enviados para servir nas galés. Skinner (1996) demonstrou a relação entre a teologia política que estava em formação entre os primeiros presbiterianos e o poder vigente. Ele afirmou que John Knox, temeroso em ser submetido a um governo católico impositivo, direcionou uma carta a Zwinglio, o qual nunca respondeu, perguntando se deveria obedecer às autoridades terrenas

---

[47] CALVINO, João. **As Institutas da Religião Cristã**. São Paulo: Ed. Unesp, 2009. v. 1, cap. 16, p. 204.

[48] CALVINO, João. **As Institutas da Religião Cristã**. São Paulo: Ed. Unesp, 2009. v. 1, cap. 16, p. 209.

[49] CALVINO, João. **As Institutas da Religião Cristã**. São Paulo: Ed. Unesp, 2009. v. 1, cap. 16, p. 210.

[50] DELUMEAU, Jean. **O nascimento e a afirmação da reforma**. São Paulo: Enio Matheus Guazzelli & Cia, 1989. p. 143.

mesmo quando elas combatessem a verdadeira religião e normatizassem a idolatria.[51] Enquanto isso, mesmo diante dos conflitos na Inglaterra, João Calvino também não havia escrito nada nas *Institutas* que legitimasse a resistência aos governantes contrários aos reformadores. A ideia difundida pelo reformador em Genebra, inicialmente, "consistia na afirmação de um dever de obediência quase irrestrito, vedando, em qualquer circunstância, a resistência às autoridades devidamente constituídas".[52]

De acordo com Hill (1987), Knox, além de ter sido um dos responsáveis pela distribuição da Bíblia de Genebra, também realizou comentários em edições posteriores desta bíblia, a qual foi utilizada como grande referência por puritanos e na Inglaterra para representar os interesses dos que lutaram contra a Igreja Anglicana.[53]

O apoio aos atos de resistência nos escritos do reformador João Calvino veio apenas posteriormente, quando se posicionou mais firmemente contra os reis hereges. Porém tal oposição não poderia ser levantada individualmente por um cristão ou por um líder eclesiástico, mas por outras autoridades terrenas, no caso o próprio magistrado.

> Ele fornece numerosos exemplos retirados da bíblia quando a desobediência aos reis, que devem ser retirados por todos os membros da congregação ou comunidade, que devem resistir em nome da defesa da verdadeira religião e da extirpação da heresia. Todavia, privadamente, os indivíduos não estavam autorizados a resistir às autoridades. John Knox e Christopher Goodmam concordavam.[54]

Para Knox, os cristãos não precisavam manter a submissão aos reis que contrariam os ensinamentos bíblicos. Mas isso, porém, não poderia ser feito individualmente. O reconhecimento da apostasia do governante instituído partiria de um consenso do povo de Deus, que o destituiria do poder por meio dos magistrados. "Knox sempre afirmava haver uma

---

[51] SKINNER, Quentin. **As fundações do pensamento político moderno**. São Paulo: Companhia das Letras, 1996. p. 467.

[52] SKINNER, Quentin. **As fundações do pensamento político moderno**. São Paulo: Companhia das Letras, 1996. p. 468.

[53] HILL, Christopher. **A Bíblia Inglesa e as Revoluções do século XVII**. Rio de Janeiro: Civilização Brasileira, 2003.0
HILL, Christopher. **O Mundo de Ponta-Cabeça:** Ideias Radicais Durante a Revolução Inglesa de 1640. São Paulo: Companhia das Letras, 1987. p. 167.

[54] SKINNER, Quentin. **As fundações do pensamento político moderno**. São Paulo: Companhia das Letras, 1996. p. 268.

continuidade entre a aliança da Escócia e a de Israel, de Abraão, Moisés e Davi a Cristo."[55] Ou seja, a sua leitura sobre o Antigo Testamento bíblico manteve relação com a forma como ele agiu historicamente, encarando-se como membro de uma nação com a qual o único Deus verdadeiro havia estabelecido uma aliança para abençoar todas as nações. Assim, como a aliança de Israel permanecia na Escócia, a lei mosaica, sobretudo o seu aspecto moral, também continuaria aplicando-se à toda nação, não apenas aos indivíduos que voluntariamente decidiram obedecê-la.

1.2 Os presbiterianismos nos Estados Unidos da América

O presbiterianismo que se desenvolveu nos Estados Unidos partiu de outra relação entre o poder político e eclesiástico. A concepção eclesiológica de João Calvino, segundo o qual todos os habitantes da cidade deveriam participar na igreja visível, porém, não se fez presente no presbiterianismo estadunidense. Mesmo acreditando na universalidade da igreja invisível, e da sua manifestação visível na igreja local, não se ensinava que todos os habitantes das cidades deveriam participar obrigatoriamente dela.

Enquanto na Europa as divergências da Igreja oficial implicavam em severas punições, nos Estados Unidos foi desenvolvendo-se a ideia de uma igreja mais tolerante em relação às outras vertentes do cristianismo, o que ficou conhecido como denominacionalismo. A denominação era uma igreja não estatal, composta por indivíduos que a ela aderiam voluntariamente, que mantinha relação com outras igrejas, não assumindo a postura de a única detentora da verdade.[56]

A *Confissão de Fé de Westminster* utilizada pela Igreja Presbiteriana no Brasil e nos Estados Unidos anunciava uma nova relação entre as autoridades civis e as religiões, diferentemente da conexão estabelecida nos primórdios da Igreja Presbiteriana na Escócia e na Inglaterra. A versão *Confissão de Fé de Westminster* difundida no periódico *Imprensa Evangélica* não atribuía aos magistrados civis a responsabilidade de manter pura e unificada a Igreja.

> III. Os magistrados civis não podem arrogar para si a administração da palavra, dos sacramentos, (10) ou o poder das chaves do reino dos céus, (11) ou de modo algum introme-

---

[55] SKINNER, Quentin. **As fundações do pensamento político moderno**. São Paulo: Companhia das Letras, 1996. p. 380.

[56] MENDONÇA, Antônio Gouvêa. **Celeste porvir**: a inserção do protestantismo no Brasil. São Paulo: Editora da Universidade de São Paulo, 2008. p. 78.

ter-se em matérias de fé. (12) Porém como protetores da sociedade, é o dever dos magistrados civis proteger a igreja de nosso comum Senhor, sem dar preferência a qualquer denominação de cristãos sobre outros, e de tal sorte que todas as pessoas eclesiásticas sem distinção, possam gozar de liberdade plena, franca e inquestionável no desempenho de todos os atos de suas sagradas funções, sem violência ou perigo. (13) E como Jesus Cristo tem estabelecido um governo e disciplina regulares em sua igreja, segue-se que nenhuma lei de qualquer estado deve-se entremeter, opor ou impedir o devido exercício dela entre os membros voluntários de qualquer denominação 5 de cristãos, segundo a sua profissão ou crença. (14) É o dever dos magistrados civis protegerem as pessoas e a reputação do povo de um modo tão effectual que ninguém possa, sob pretexto de religião ou infidelidade, afrontar, violentar, abusar ou injuriar qualquer outra pessoa: e é também do dever dos magistrados fazerem com que todas as assembleias religiosas e eclesiásticas possam funcionar sem molestação ou distúrbio. (15).[57]

O posicionamento defendido pelo presbiterianismo escocês no século 17 foi negado pela igreja estadunidense que contrariou a tese de que para a manutenção dos dogmas fundamentais do cristianismo, assim como da moralidade via religiosidade dentro na nação, seria necessária a atuação forçosa do governo sobre os espaços da vida privada. Da mesma maneira, os presbiterianos no Brasil afirmaram que o único caminho para a manutenção da moralidade transformadora da sociedade seria pela livre propagação das escrituras, e não pela imposição de um segmento do cristianismo disposto a reivindicar o status de religião oficial.[58]

Mesmo com as suas variações quanto à organização eclesiástica, as igrejas nos Estados Unidos mantinham, inicialmente, certa unidade teológica derivada do puritanismo inglês. Ou seja, divergiam quanto ao governo da Igreja, embora concordassem quanto ao sistema litúrgico e aos ensinamentos básicos da fé, sobretudo no que diz respeito à doutrina da salvação, mantendo a tradição calvinista da predestinação.

Nesses primórdios, tanto anglicanos como congregacionais e presbiterianos eram calvinistas em teologia e usavam a mesma liturgia (livro de oração comum), embora eclesias-

---

[57] ASSEMBLEIA DE WESTMINSTER. **Confissão de Fé de Westminster**. Cap. XXIII: III. *In: Imprensa Evangélica*. Rio de Janeiro: Typographia Perseverança, v. 8, n. 11, 1 de junho de 1872. p. 3.

[58] *Imprensa Evangélica*. Rio de Janeiro: Typographia Perseverança, v. 3, n. 3, 2 de fevereiro de 1867. p. 1.

ticamente os anglicanos fossem episcopais e os congregacionais e presbiterianos viessem a assumir formas mais
democráticas e diretas ou representativas indiretamente,
conforme às circunstâncias. [59]

Conforme Delumeau, quanto à doutrina das últimas coisas, ou a escatologia, em um grande representante no milenarismo norte ame-ricano foi o Jonathan Edwards (1703-1758), o ex-presidente do College of New Jersey (atual Princeton University) que foi um dos responsáveis pelo Grande Despertar, movimento marcado por um grande avivamento espiritual nos Estados Unidos com implicações diretas sobre os limites da vida moral dos seus cidadãos. Ele acreditava que Deus renovaria o mundo e a humanidade a começar pelos Estados Unidos da América.

> Esse novo mundo provavelmente foi descoberto em nos-
> sos dias para que o novo e mais glorioso estado da igreja
> de Deus na terra pudesse ter início aqui e para que Deus
> fizesse começar aqui um novo mundo espiritual. Criado os
> novos céus e nova terra, Deus já havia concedido ao outro
> continente a hora de nele ter feito nascer Cristo. No sen-
> tido literal do termo, e de ter ocasionado a redenção. Orar,
> como a providência observa uma espécie de igualdade na
> distribuição das coisas, não é insensato pensar que o grande
> nascimento espiritual de Cristo e a mais gloriosa aplicação
> da redenção devam começar aqui.[60]

Edwards iniciou o ministério sendo pastor presbiteriano e depois se tornou pastor congregacional. Ele foi um dos presidentes do Colégio de Nova Jersey, que depois se vinculou ao seminário de Princeton, ligado aos presbiterianos.[61] Pouco tempo depois, Edwards caiu na melancolia e lançou de lado as suas esperanças de um milênio espiritual que resultaria na transformação da humanidade a começar pelos EUA. Mesmo assim, Delumeau sustentou que o pós-milenarismo norte americano defendido por Johnatan Edwards ganhou uma versão secularizada do milenarismo civil na perspectiva de futuro do presidente John Adams, que representou o curso da história como uma progressão, e na mensagem do pastor Samuel

---

[59] MENDONÇA, Antônio Gouvêa. **Celeste porvir**: a inserção do protestantismo no Brasil. São Paulo: Editora da Universidade de São Paulo, 2008. p. 77.

[60] DELUMEAU, Jean. **Mil anos de Felicidade**: uma história do paraíso. São Paulo: Companhia das Letras, 1997. p. 244.

[61] MATOS, Alderi Souza. **Jonathan Edwards:** teólogo do coração e do intelecto. São Paulo: Fides Reforrmata, 1998. v. 3/1.

Shewood, no início da Guerra de Independência. Timothy Dwight, neto de Edwards, também comparou em um poema os soldados norte-americanos mortos na guerra de independência aos hebreus conduzidos por Josué à terra de Canaã. David Austin defendia que os jacobinos eram agentes da providência para livrar o mundo do domínio sangrento do papado.[62] Natchez de Chateaubriand expressa bem essa convicção estadunidense de um povo escolhido por Deus para transformar o mundo:

> O eterno revelou ao seu filho bem-amado seus desígnios sobre a América: ele preparava para o gênero humano nessa parte do mundo uma renovação de existência. O homem, iluminando-se por luzes crescentes jamais perdidas, devia reencontrar aquela sublimidade primeira da qual o pecado original o fizera descer; sublimidade que o espírito humano de novo podia alcançar, em virtude da redenção do mundo.[63]

No século 19, havia entre os presbiterianos dos Estados Unidos o entendimento de que o *Reino de Deus* seria estabelecido mediante a expansão da civilização cristã, o que ocorreria por meio dos empreendimentos missionários impulsionados por cada denominação. Por isso, eles se empenharam em oração por essa causa, julgando partir daquela nação a palavra de salvação que abençoaria os demais povos. Assim, estabeleceram missões na África, Ásia e América do sul.

> O mesmo ocorria na Assembleia Geral Presbiteriana, em 1815, que recomendava orações especiais para que a "vinda gloriosa do Reino se apresasse". Para muitos líderes e pensadores eclesiásticos, a vinda do Reino se daria após a implantação da civilização cristã; por isso a cristianização da sociedade seria uma preparação para a vinda do Reino de Deus. Sendo a vinda do Reino não algo particular para os americanos, mas um evento cósmico, é mais ou menos claro que foi fácil passar dessa crença para a empresa missionária via destino manifesto.[64]

Robério Américo escreveu sobre a relação entre o conceito de *Reino de Deus* e a ideologia do Destino Manifesto nas missões Norte Americanas:

---

[62] DELUMEAU, Jean. **Mil anos de Felicidade**: uma história do paraíso. São Paulo: Companhia das Letras, 1997. p. 245-247.

[63] DELUMEAU, Jean. **Mil anos de Felicidade**: uma história do paraíso. São Paulo: Companhia das Letras, 1997. p. 247.

[64] MENDONÇA, Antônio Gouvêa. **O Celeste porvir**: a inserção do protestantismo no Brasil. São Paulo: Editora da Universidade de São Paulo, 2008. p. 92.

> Será apenas na segunda metade do século XIX que, a motivação para a construção do Reino de Deus na terra, e a certeza norte-americana de haver encontrado o caminho certo para fazê-lo, ganhará a força necessária para unir todas as denominações na empresa de reformar o mundo a partir dos ideais de que se pode chamar civilização americana: religião, liberdade educação, trabalho, honestidade e obediência às leis. Esta união foi posteriormente denominada pelos estudiosos da religião como União do Pacto. Nesse instante, é impossível furtar-se a traçar um paralelo entre o sonho missionário e a ideologia do Destino Manifesto, geminada no Congresso norte-americano e expendida por todos os países no mesmo período.[65]

Tanto no Destino Manifesto como no pós-milenarismo, o progresso da sociedade é previsto na história da humanidade. Nesse sentido, a esperança era projetada para o aqui, mesmo que em um futuro não imediatista, não para o porvir. Ao investigar a perspectiva escatológica na gênese do protestantismo no Brasil, porém, Mendonça não identificou na atuação dos missionários, no *Imprensa Evangélica* ou em outras fontes, resquícios do pós-milenarismo, posicionamento escatológico mais próximo do ideal civilizador presente no Destino Manifesto.

Para Catroga (2010), a formação dos Estados Unidos como nação foi caracterizada pela tentativa de se construir um muro de separação entre política e religião, tanto através do diálogo com ideias iluministas dos séculos 17 e 18, como através do interesse religioso em evitar guerras civis religiosas semelhantes às que aconteceram na Europa.[66] A despeito desta tentativa de laicização, a Igreja Congregacional se manteve como oficial em Connecticut até 1818[67], em New Hampshire até 1819[68] e em Massachusetts até o ano de 1833, depois de 57 anos da Declaração de Independência das 13 Colônias[69]. Neste sentido, a exclusão de uma reli-

---

[65] SOUZA, Robério Américo do Carmo. **Fortaleza e a nova fé**: a inserção do protestantismo na capital cearense (1882-1915). Dissertação (Mestrado em História) – Pontifícia Universidade de São Paulo, São Paulo, 2001. p. 10.

[66] CATROGA, Fernando. **Entre Deuses E Césares**: secularização laicidade e religião civil - uma perspectiva histórica. 2. ed. Coimbra: Almedina, 2010. p. 145.

[67] IMHOLT, Robert J. Connecticut a Land of Steady Habits. *In*: ESBECK, Carl H.; DEN HARTOG, Jonathan J. **Disestablishment and religious dissent**: church-state relations in the new American states, 1776-1833. Columbia: University of Missouri Press, 2019. Studies in constitutional democracy. p. 327.

[68] FRANKLIN, Braian. Towns And Toleration: disestablishment in New Hampshire. *In*: ESBECK, Carl H.; DEN HARTOG, Jonathan J. **Disestablishment and religious dissent**: church-state relations in the new American states, 1776-1833. Columbia: University of Missouri Press, 2019. p. 352.

[69] NOLL, Mark A. **The Rise of Evangelicalism**: The Age of Edwards Whitefield and the Wesleys. Nottingham: Inter-Varsity, 2004. p. 32.

gião oficial na formação dos Estados Unidos não deve ser encarada com um desdobramento natural e inevitável. Pelo contrário, muitas disputas foram travadas em instituições políticas e religiosas para que este feito fosse alcançado.

Por outro lado, as interpretações que enfatizam os anos de 1818, 1819 e 1833 como marcos da superação da interferência da religião nos assuntos políticos tendem a superestimar o poder da Igreja Congregacional nos três estados antes das respectivas datas mencionadas e simplificam as relações entre igreja e estado depois delas. No caso de Connecticut, por exemplo, a vida pública sofria intervenções diretas da Ordem Permanente (*Standing Order*)[70], de modo que até meados do século 19 era comum a crença de que a religião seria o fundamento de um estado ordeiro. O estado, por sua vez, deveria promover o interesse da religião representada pelas igrejas.

Os presbiterianos, porém, mesmo sem apoio do governo, exerceram uma forte participação cultural. Em 1776, os presbiterianos constituíam 19% e os congregacionalistas 20,4% dos adeptos religiosos. Porém, em 1850, enquanto as denominações metodistas e batistas cresciam, os presbiterianos estavam em 4% e os congregacionalistas em 11,6%. Por outro lado, ao longo do século 19, os presbiterianos e os congregacionalistas investiram massivamente em missões, sobretudo em missões estrangeiras, e solidificaram as suas instituições de ensino, mantendo a sua força na esfera formal e institucional entre as igrejas evangélicas[71]. Em 1860, os presbiterianos continuavam com 18% do valor de todas as propriedades das igrejas protestantes. Ainda em 1860, a Old School[72] presbiteriana movimentou mais de $3 milhões de dólares, ao passo que os outros presbiterianos e denominações reformadas movimentaram mais de $2 milhões[73].

As divisões dentro das denominações nos Estados Unidos também afetaram o presbiterianismo, o qual ficou separado primeiramente por questões doutrinárias entre a velha e a nova escola (Old e New School). Posteriormente, a divisão girou em torno das questões da Guerra Civil

---

[70] Aliança entre políticos e o clero da Igreja Congregacional em Connecticut.

[71] KLING, David W. Presbyterians and Congregationalists in North America. *In*: LARSEN, Timothy; LEDGER-LOMAS, Michael. **The Oxford History of the Protestant Dissenting Traditions.** Volume III - The Nineteenth Century. First ed. Oxford: Oxford University Press, 2017.

[72] Explicaremos a seguir o que significa Old School (Escola Antiga) da Igreja Presbiteriana no Estados Unidos.

[73] HERMAN, C. Weber. **Presbyterian Statistics:** Through One Hundred Years, 1826-1926. Philadelphia: General Council of the Presbyterian Church in the U.S.A., 1927.
Joseph M. Wilson, ed., Presbyterian Historical Almanac and Annual Remembrancer of the Church: Philadelphia: Wilson, 1862.

americana e da abolição da escravização. Essas diferenças foram esboçadas entre os presbiterianos desde o início do século 19, e culminaram na grande cisma da Assembleia Geral de 1837. A Old School conseguiu votos para revogar um acordo de cooperação com os congregacionalistas, excluíndo todos os sínodos formados pelo Plan of Union, e expulsando, assim, da Presbyterian Church in the United States os American (PCUSA) 28 presbitérios, 509 ministros e 60 mil membros. Os representantes da New School se reuniram na Convenção de Auburn e consideraram a decisão da Assembleia Geral ilegal. Eles tentaram permanecer na instituição, mas depois de um ano sendo rejeitados pela Assembleia, decidiram fundar uma nova instituição com o mesmo nome, PCUSA[74].

Ou seja, até 1837, a divisão entre a Old e New School dentro da PCUSA era teológica, não administrativa. A partir de então, os representantes da Old School retiraram da sua administração as igrejas fundadas pelo Plan of Union e representadas por teólogos da New School. Estes, por sua vez, reconheceram tal decisão apenas em 1838, quando fundaram uma nova denominação com autonomia administrativa também chamada de PCUS.

Enquanto a liderança da Old School temia novas formas de avivamento divergentes da ortodoxia calvinistas ancorada na *Confissão de Westminster,* os presbiterianos da New School, sob a liderança de Beecher e Albert Barnes, apoiaram o Plan of Union e o Evangelical United Front, acolheram os congregacionalistas liberais da New England e se manifestaram explicitamente contra a escravização[75]. Ou seja, a New School buscou um diálogo com as formas de avivamento associadas ao metodismo, também conhecida como o Segundo Grande Despertar.

O Seminário Teológico de Princeton esteve situado no meio destas divisões. A referida instituição não pode ser tratada como uma unidade, sobretudo quando falamos do longo século 19. Apesar de a obra *Institutio Theologiae Elenctica,* como sugeriu Boanerges Ribeiro[76], ser uma grande

---

[74] MARSDEN, George M. **The Evangelical Mind and the New School Presbyterian Experience:** a case study of thought and theology in nineteenth-century America. New Haven: Yale University Press, 1970. p. 62-66. APUD KLING, David W. Presbyterians and Congregationalists in North America. *In*: LARSEN, Timothy; LEDGER-LOMAS, Michael. **The Oxford History of the Protestant Dissenting Traditions.** Volume III - The Nineteenth Century.First ed. Oxford: Oxford University Press, 2017. p. 190.

[75] KLING, David W. Presbyterians and Congregationalists in North America. *In*: LARSEN, Timothy; LEDGER-LOMAS, Michael. **The Oxford History of the Protestant Dissenting Traditions.** Volume III - The Nineteenth Century.First ed. Oxford: Oxford University Press, 2017. p. 189.

[76] SANTOS, Valmir Rocha. **Polêmica religiosa e defesa doutrinária no discurso de Ashbel Green Simonton.** Dissertação (Mestrado em Religião) – Universidade Presbiteriana Mackenzie, São Paulo, 2013. p. 57-58.

referência para o Seminário, encontramos diferentes posicionamentos entre os professores sobre temas importantes como a escravização, a participação dos afro-americanos nas instituições de ensino, os pormenores da doutrina da inspiração das escrituras e a aceitação do criticismo bíblico e as temáticas escatológicas.[77] Diante de tamanha complexidade, abordaremos a colaboração do Seminário na formação educacional do fundador do jornal *Imprensa Evangélica* considerando os livros que o missionário pediu emprestado na biblioteca da instituição.

Seguindo o modelo do Seminário de Andover, independentemente do Yale College , o Seminário Teológico de Princeton foi fundado com soberania em relação ao College of New Jersey. Apesar de os primeiros conselhos dos Seminário e o College of New Jersey compartilharem muitos dos seus membros, o Seminário Teológico de Princeton surgiu como uma instituição independente[78]. Diferentemente do Law School of College of New Jersey (1846-1855), cujo objetivo era o de conferir um título de bacharel, o Seminário oferecia uma especialização aos estudantes que já eram formados em algum *college*. Esse tipo especialização passou a ser utilizada como um dos critérios na ordenação.[79]

De acordo com o relatório sobre a escravização produzido pelo seminário, os estudantes do seminário vinham das mais diferentes partes dos EUA e representavam a complexa dinâmica entre presbiterianismo e congregacionalismo, com destaque para as divisões entre a Old School e a New School e posteriormente para a divisão entre as igrejas no norte e no sul[80].

Enquanto Princeton havia formado Theodore Sedgewick, em 1829, o Union Presbyterian Seminary, cujo teólogo mais conhecido era o Robert Lewis Darbney, foi enfático ao rejeitar educação teológica de nível superior aos afro-americanos mesmo depois da Guerra Civil americana (1861-1865).[81] Apesar de o Seminário de Princeton ter apoiado a causa abolicionista no

---

[77] Para uma melhor compreensão da relação do Seminário Teológico de Princeton com a cultura americana em diferentes períodos históricos, ver:
MOORHEAD, James H. **Princeton Seminary in American Religion and Culture**. Grand Rapids Mich: W.B. Eerdmans Pub, 2012.

[78] MOORHEAD, James H. **Princeton Seminary in American Religion and Culture**. Grand Rapids: Eerdmans, 2012.

[79] THORP, Willard, et al. **The Princeton Graduate School**: a history. Princeton, N.J: Association of Princeton Graduate Alumni, 2000.

[80] BARNES, Craig. **Princeton Seminary and Slavery**: A Report of the Historical Audit Committee. Princeton: 2019. Disponível em: https://slavery.ptsem.edu/the-report/alumni/. Acesso em: 1 mar. 2023.

[81] DABNEY, Robert L. **Ecclesiastical Relation of Negroes**: speech of Robert L. Dabney, in the Synod of Virginia, Nov. 9, 1867.

contexto da Guerra Civil americana, a história da instituição também foi marcada pela utilização da mão de obra escravizada, assim como pela utilização de teorias que projetavam sobre a humanidade assimetrias.

A interpretação das profecias e o posicionamento sobre o fim dos tempos sempre foi um assunto de divergência ao longo da história da Igreja, e não foi diferente em Princeton enquanto os missionários preparavam-se academicamente para o ministério no Brasil.

1.3 Os presbiterianismos no Império do Brasil

Dentre os missionários presbiterianos, destacaremos neste trabalho Ashbel Green Simonton, o qual teve formação no Seminário de Princeton. Mendonça (2008) ressaltou que mesmo que os missionários apresentassem uma mensagem institucional, ela nunca era recebida unilateralmente pelos ouvintes que assimilavam e reinterpretavam esta mensagem conforme as suas experiências. Até aqui, ele apenas sinalizou a diferença entre mensagem institucional e crença (aspecto prático – assimilação), mas não explicou como essa assimilação aconteceu: "A camada livre e pobre do meio rural tinha condições e necessidades próprias que, ao se defrontar com uma nova mensagem religiosa, procurou nela as respostas mais adequadas as suas características."[82]

Para Mendonça, a grande marca da mensagem institucional dos missionários no Brasil foi a teologia dos avivamentos metodistas do fim do século 18 e primeira metade do 19.[83] Nesse sentido, ele concorda com Peter Berger, movimentos avivalistas pietistas ocorreram em igrejas luteranas, metodistas e até mesmo calvinistas. A sua marca principal era a dissolução das estruturas dogmáticas pelas suas várias formas de emocionalismo. O ensino objetivo passava a ser subjetivado pela afirmação da experiência religiosa manifestada no coração dos indivíduos. O nome mais associado ao primeiro grande avivamento na Nova Inglaterra foi o de Jonathan Edwards.[84] Segundo Mendonça, depois de sua morte (1758)

DABNEY, Robert L. **Against the Ecclesiastical Equality of Negro Preachers in our Church, and their Right to Rule Over White Christians**. Virginia: Printed at the office of the "Boys and girls' monthly", 1868.

[82] MENDONÇA, Antônio Gouvêa. **O Celeste Porvir**: a inserção do protestantismo no Brasil. São Paulo: Editora da Universidade de São Paulo, 2008. p. 264.

[83] MENDONÇA, Antônio Gouvêa. **O Celeste Porvir**: a inserção do protestantismo no Brasil. São Paulo: Editora da Universidade de São Paulo, 2008. p. 265.

[84] BERGER, Peter Ludwig. **O Dossel Sagrado**: elementos para uma teoria sociológica da religião. São Paulo: Ed. Paulinas, 1985. p. 167.

houve um grande crescimento do metodismo nos Estados Unidos, de modo que o Segundo Grande Despertar, ou Segundo Avivamento, também é conhecido como avivamento metodista. Além do forte emocionalismo, o avivalismo metodista era caracterizado por pregações que chamavam atenção do homem para a sua capacidade de escolher a salvação, seguindo a perspectiva soteriológica arminiana. Havia uma grande "ênfase na 'descida do Espírito Santo' e na guerra contra os vícios, em gigantescas reuniões de conversão e santificação"[85]. Tal perspectiva, foi muito comum no presbiterianismo da New School. No entanto, podemos afirmar que a experiencia da Old School foi semelhante? Que as missões presbiterianas que chegaram ao Brasil representam um tipo de calvinismo diluído?

Primeiramente, reiteramos que o foco deste trabalho está em um ramo do presbiterianismo. Apesar de os presbiterianos com formações teológicas da Old e New School, do norte e do sul, terem formado Sínodo Unificado, em 1888, não podemos pressupor que antes disso houve unidade dos presbiterianos no Brasil. É verdade que todos queriam o fim da oficialidade da Igreja Católica. No entanto, o presbiterianismo americano estava dividido em torno de questões profundas, as quais se tornaram evidentes na Guerra Civil Americana. Não podemos pressupor que a esperança do missionário presbiteriano que saiu derrotado da guerra e foi ao Brasil para acompanhar imigrantes confederados seja a mesma de esperança do missionário abolicionista que tomou conhecimento da vitória do exército da união lendo um jornal no Brasil.

Alguns motivos nos levam a desconsiderar Simonton como o fundador da Igreja Presbiteriana. Quando Ashbel Green Simonton chegou ao Brasil, em 1859, a Old School Igreja Presbiteriana nos Estados Unidos, representada prela PCUSA, não estava dividida em norte e sul. No entanto, quando a Assembleia Geral declarou apoio ao exército da União, as igrejas do sul formaram a Igreja Presbiteriana dos Estados Confederados da América. Por ter sido enviado pelo Conselho de Missões da PCUSA, Simonton é considerado como o primeiro missionário presbiteriano a atuar no Brasil, em alguns casos ele é até visto como o fundador da Igreja Presbiteriana do Brasil (IPB)[86]. No entanto, a unificação dos presbitérios em sínodos e dos sínodos em uma Assembleia Geral foi um processo lento,

---

[85] MENDONÇA, Antônio Gouvêa. **O Celeste Porvir**: a inserção do protestantismo no Brasil. São Paulo: Editora da Universidade de São Paulo, 2008. p. 87.

[86] Esta interpretação é comum na historiografia. Quando escrevi a minha dissertação de mestrado, também havia aderido à ideia de que Simonton era o fundador da IPB.

do qual Simonton não fez parte. Lembramos que o missionário faleceu em 1867. Na ocasião, havia apenas o Presbitério do Rio de Janeiro, o qual estava vinculado à igreja do norte dos EUA (PCUSA). A Igreja do sul dos EUA(PCUS) fundou o presbitério de Campinas e oeste de Minas Gerais e o presbitério de Pernambuco. A unificação dessas diferentes igrejas presbiterianas foi concretizada apenas em 1888, quando as igrejas nos EUA estavam unificadas e o Brasil encaminhava a abolição da escravização.[87]

Antes de Simonton, porém, outros presbiterianos atuaram no Brasil. Dos que estudaram em Princeton, identificamos: Obadiah Meeker Johnson, o qual atuou no Brasil pela American Board of Commissioners for Foreign Missions (ABCFM) entre 1836 e 1837; James Cooley Fletcher, o qual atuou no Brasil entre 1847 e 1863 por diferentes agências missionárias, como a American Seamen's Friend Society[88]; John Alexander Buckner, o qual atuou no Brasil entre 1855 e 1856, posteriormente comprou uma plantação de algodão na Louisiana e teve sucesso em seus negócios e durante a Guerra Civil, esteve ao lado dos confederados[89].

David Gueiros chamou atenção para o caso de James Fletcher, o qual, além de ser missionário, tornou-se secretário da Legação dos Estados Unidos no Rio de Janeiro e propôs a criação de uma linha de navio a vapor entre o Rio de Janeiro e Nova Iorque. "Para este pastor calvinista, filho de banqueiro, tais atividades eram uma parte do seu trabalho missionário integral [...] e o protestantismo equalizava-se ao desenvolvimento econômico, científico e tecnológico"[90]. A sua missão, no entanto, não foi bem-vista por parte dos presbiterianos, congregacionais e metodistas, que o acusavam de envolver-se demasiadamente em questões seculares. Simonton chegou a afirmar que Fletcher era um estorvo à causa religiosa no Brasil[91]. Em sua defesa, Fletcher retrucou:

> [...] sei que alguns podem dizer que não é papel de um clérigo missionário estar envolvendo-se com negócios.

---

[87] REILY, Duncan A. **História Documental do Protestantismo no Brasil**. São Paulo: Aste, 1984. p. 120-121.

[88] ROBERTS, Edward H. Princeton Theological Seminary, and Alumni Biographical Catalogue of Princeton Theological Seminary: 1815-1932.

[89] CONFEDERATED SOUTHERN MEMORIAL ASSOCIATION, Sons of Confederate Veterans (Organization), **United Daughters of the Confederacy, and United Confederate Veterans.** Nashville: Confederate Veteran Published Monthly in the Interest of Confederate Veterans And Kindred Topics, 1904.

[90] VIEIRA, David Gueiros. **O Protestantismo, a maçonaria e a Questão Religiosa no Brasil**. Brasília: Editora Universidade de Brasília, 1980. p. 63.

[91] Remetente: Ashbel Green Simonton. Destinatário: a John C. Lowrie. Rio, 5 de novembro de 1863. Disponível na coleção microfilmada das cartas e relatórios destinados ao Board of Foreign Missions da PCUSA. v. 2, n. 16.

> Mas creio que tenho uma visão mais alta do que o mero interesse mercantil dos meus pais, pois sou dos tais que creem que a religião e o comércio são servos que, unidos com a bênção de Deus, servem para a promoção dos mais altos interesses da humanidade.[92]

Dentro dessa perspectiva de missão, o missionário envolveu-se em assuntos políticos e comerciais no Brasil. Apresentou ao ministro Joaquim Maria Nascente o modelo de escola americana para favorecer a imigração. Também contou com o apoio de Tavares Bastos e do próprio Dom Pedro II. A atuação do capelão contribuiu para o trânsito dos primeiros missionários presbiterianos na sociedade brasileira. Simonton, por exemplo, conseguiu a licença para atuar como professor pela intermediação de Fletcher[93], o qual também escreveu um livro em parceria com o Rev. Daniel Parish Kidder, intitulado *O Brasil e os Brasileiros*.

> Lançada em 1857 a obra fez grande sucesso nos Estados Unidos, sendo reeditada nove vezes, até 1879. Nesse livro, Kidder e Fletcher descrevem o Brasil como um país vasto, dotado de recursos extraordinários, porém prejudicado pelo atraso econômico, pela falta de escolas e pela ignorância religiosa. [...] Ele acreditava que o Brasil poderia se desenvolver e se tornar uma grande nação com a colaboração dos norte-americanos nas áreas da religião, da educação, do comércio e da indústria.[94]

Segundo Feitoza, Kidder e Fletcher defenderam que governo monárquico era necessário à manutenção da ordem no Brasil[95]. O contato dos missionários presbiterianos com as elites político-intelectuais brasileiras continuou depois da chegada de Simonton. Além de Tavares Bastos, ele aproximou-se de Joaquim Saldanha Marinho[96], ambos maçons que travaram embates legislativos na tentativa de separar a Igreja do Estado.

---

[92] VIEIRA, David Gueiros. **O Protestantismo, a maçonaria e a Questão Religiosa no Brasil**. Brasília: Editora Universidade de Brasília, 1980. p. 64.

[93] DA COSTA, Flávio Antônio Alves. **A Igreja Presbiteriana Conservadora do Brasil** – Uma questão doutrinária. Dissertação (Mestrado em Ciências da Religião) – Mackenzie, São Paulo, 2007. p. 59.

[94] GIRALDI, Luiz Antônio. **A Bíblia no Brasil Império**: como um livro proibido durante o Brasil Colônia tornou-se uma das obras mais lidas nos tempos do Império. Barueri: SBB, 2013. p. 160.

[95] FEITOZA, Pedro Barbosa de Souza. **Protestants and the Public Sphere in Brazil, c. 1870 – c. 1930**. Tese (Doutorado em História) – University of Cambridge, Cambridge, 2019. p. 70.

[96] FEITOZA, Pedro Barbosa de Souza. **"Que venha o Teu Reino"**: estratégias missionárias para a inserção do protestantismo na sociedade monárquica (1851-1874). Dissertação (Mestrado em História) – Universidade de Brasília, Brasília, 2012. p. 38.

Wanderley também reconheceu a importância do trabalho de Fletcher na organização do protestantismo no Brasil. Ele mencionou a participação do missionário, pastor e capelão nas expedições científicas lideradas por Louis Agaziss. Segundo o autor, as ideias de Fletcher eram compatíveis com o ideal do Destino Manifesto. Também sugeriu que Tavares Bastos foi o político brasileiro mais próximo de Fletcher. As ideias do missionário e do político convergiam na crítica ao legado português na formação da sociedade brasileira, contrastando com o mundo anglo-saxônico cujo sucesso era atribuído ao elemento protestante.[97]

Em nossa perspectiva, Fletcher, Johnson, Buckner e Simonton não podem ser considerados os fundadores da IPB. Por outro lado, todos eles foram importantes à medida em que avançaram na formação de redes de sociabilidade que permitiram o desenvolvimento dos projetos missionários presbiterianos.

Figura 1 – Imagem de Ashbel Green Simonton

Fonte: SIMONTON, Ashebel Green. **Sermões Escolhidos**. Nova York: W.B. Bodge, 1869. p. 8

---

[97] ROSA, Wanderley P. D. **Por Uma Fé Encarnada**: uma introdução à história do protestantismo no Brasil. São Paulo: Editora Recriar. Vitória: Editora da Faculdade Unida, 2020.

Ashbel Green Simonton nasceu em West Hanover, Condado de Dauphin, Pennsylvania. Ele cresceu no meio de uma família presbiteriana ligada à Old School. Seu nome foi uma homenagem ao capelão da revolução americana e ex-presidente do College of New Jersey. Richard Shaull refletiu sobre as condições financeiras de Simonton.

Enquanto muitos missionários que aturam no Brasil ao longo do século 19 eram "filhos da fronteira", ou seja, filhos de pessoas comuns que estiverem na linha de frente do massacre aos indígenas da expansão territorial, Simonton fora educado em uma "sólida cultura da classe média"[98]. O pai do missionário foi William Simonton (1788-1846), que além de ser médico formado pela Universidade da Pensilvânia, também foi eleito para o 26º e o 27º Congresso Americano pelo partido Whig[99], em 1838 e 1843 respectivamente.

O diário pessoal de Simonton, um dos principais registros do missionário, quando publicado em 2002 pela Editora Cultura Cristã, vinculada à Igreja Presbiteriana do Brasil, foi dividido em três partes pelo organizador Rev. Dr. Alderi Souza de Matos[100]. A primeira delas (1852-1854) é sobre o período de sua viagem e trabalho ao sul dos EUA. Apesar de não ter nenhum vínculo com a sua formação direcionada, especificamente ao ministério no Brasil, nessa fase da vida do autor, é possível perceber o modo como ele deparou-se com as diferenças entre a vida no norte e no sul dos EUA, oferecendo indícios sobre as suas ideias.

Em sua viagem ao sul, Simonton trabalhou como representante da Conselho de Publicações de Igreja Presbiteriana (PCUSA Old School), colaborando com a venda do jornal *The Presbyterian*. Ainda em sua visita ao sul dos EUA, expressou ter sido surpreendido ao encontrar uma mulher pregando em uma reunião na qual também participavam homens. Ele não esperava isso em uma região em que ele considerava mais conservadora. Diante disso ele, afirmou:

---

[98] SHAULL, Millard Richard. Ashbel Green Simonton (1833-1867): a calvinist in Brazil. *In*: KERR, Hugh T. **Sons of the Prophets**: Leaders in Protestantism from Princeton Seminary. Princeton: Princeton University Press, 1963. p. 100-122.

[99] PARTHEMORE, E. Winfield Scott. **Scraps of Dauphin County History**. Harrisburg, Pa.: Harrisburg Pub. Co., 1896.

[100] SIMONTON, Ashbel Green. **O diário de Simonton (1852-1866)**. São Paulo: Cultura Cristã, 2002. A transcrição da versão original do diário foi disponibilizada pela biblioteca do Seminário Teológico de Princeton em: SIMONTON, Ashbel Green.1833-1867. **Transcript of the Journal of the Rev. Ashbel Green Simonton.** Disponível em: http://commons.ptsem.edu/. Acesso em: 1 fev. 2023.

Tínhamos ido ouvir uma senhora! Ou melhor, uma mulher casada pregar naquela noite, algo novo para mim. Você terá que confessar que, embora o Norte faça o principal da palestra sobre os direitos da mulher, o Sul está à frente na prática. O sermão foi muito mal proferido, mas em matéria tolerável. Sua frieza e autocontrole eram admiráveis. Ela se levantou vestida com um xale e boné monótonos, óculos e luvas, anunciou o texto "Deus me livre que eu me glorie, etc. - tirou os óculos dos olhos e os colocou com grande dignidade e deliberação ao lado da Bíblia, serviu um copo de água e tomou um gole e, depois de limpar a boca cuidadosamente com o lenço, abriu-o e, finalmente, depois de fazer uma pesquisa silenciosa da plateia lotada e exibir pelo espaço total de meio minuto o mais consumado autocontrole, ela começou uma longa história de Paulo e vários outros indivíduos. Disto você pode inferir que ele voou bastante". Ela é membro da Igreja Metodista Protestante, um ramo da Igreja Metodista Episcopal, e difere desta última por dar aos leigos um dedo na torta do governo da igreja.[101]

A segunda parte do diário (1854-1859) diz respeito ao período em que Simonton retornou à Harrisburg, quando passou a se dedicar aos estudos em Direito. No entanto, desistiu dos assuntos jurídicos e em 1855 decidiu ingressar no Seminário de Princeton.

A terceira parte (1859-1866) constitui os registros pessoais de Simonton durante a viagem dos EUA ao Brasil e o seu trabalho missionário realizado. Apesar de o seu ministério em terras brasileiras ter durado pouco menos de oito anos, ele conseguiu expandir significativamente o trabalho da Igreja Presbiteriana no Brasil, no qual criou a Igreja Presbiteriana do Rio de Janeiro (1862), o jornal *Imprensa Evangélica* (1864), o Presbitério do Rio de Janeiro (1865) e o Seminário Primitivo (1867).

Muitos trechos do diário de Simonton ou passagens de seus sermões foram utilizados por Mendonça para classificá-lo dentro de algum segmento teológico. Assim, o missionário foi compreendido como um teólogo de orientação calvinista com uma prática religiosa atrelada aos avivamentos metodistas. Mendonça também o classificou como um seguidor da teologia da Igreja Espiritual. Esta teologia segue o princípio de que a Igreja não deve interferir nas questões políticas terrenas, como o caso da escravização. Para chegar a tal conclusão, Mendonça não recorreu a passagens do diário ou sermões do missionário cuja ênfase seja a questão

---

[101] SIMONTON, Ashbel Green. **Transcript of the Journal of the Rev. Ashbel Green Simonton.** Nov. 19, 1852. p. 9.

política, mas a passagens cujo cerne é a vida devocional e religiosa. Com quando o missionário afirmou: "O mundo apela para o que é sensual [...]. Um outro jovem, que tem assistido aos cultos, parece ávido e persuadido da verdade e da importância de uma religião espiritual."[102] Vejamos que Simonton não explorou o significado do que seja a "religião espiritual", nem desassociou esse tipo de religião das suas ações políticas ou civis.

O posicionamento declarado de Simonton em favor do fim da escravização não seria um envolvimento nas coisas terrenas? Mendonça não desconheceu nem desconsiderou a postura abolicionista de Simonton, mas a tratou como uma incoerência do missionário em relação ao seu pensamento vinculado à teologia da Igreja Espiritual. Ou seja, ao invés de questionar a tese de que Simonton tenha aderido a tal teologia, Mendonça preferiu identificar uma incoerência no missionário, alegando que a sua adesão a teologia da Igreja Espiritual foi apenas parcial, de modo a opor o seu pensamento a sua prática. Contudo, como aceitar que a ação abolicionista, mesmo que comedida, do missionário não estivesse atrelada ao seu pensamento e aos seus posicionamentos teológicos? Tal oposição entre pensamento e ação tornará a aparecer em outros momentos da sua tese. Essa abordagem não incorre no perigo metodológico, apontado por Foucault[103] em *Arqueologia do Saber*, de buscar em cada discurso uma relação de dependência com os discursos anteriores, desconsiderando a singularidade histórica de cada indivíduo ou mesmo de cada discurso proferido?

Quando escreveu sobre a doutrina da salvação, Mendonça (2008) afirmou que o calvinismo dos presbiterianos no Brasil tratava-se de um calvinismo mitigado. Esta e outras leituras de Mendonça sobre a teologia dos pioneiros se repetiram com grande frequência em teses e dissertações recentes. De acordo com Mendonça (2008), a doutrina da predestinação foi na Grã-Bretanha um elemento revolucionário por oferecer aos calvinistas a certeza do triunfo e pelo modo de governo eclesiástico que organizou paróquias autônomas com um sistema de liderança eletivo que combinava participação leiga e clerical. Seja por um calvinismo ortodoxo, cuja ênfase recai no decreto divino que escolhe para a salvação homens de todas as camadas sociais, ou por um calvinismo mitigado, cuja ênfase recai na responsabilidade do homem em aceitar o amor de Deus oferecido a todos

---

[102] MENDONÇA, Antônio Gouvêa. **O Celeste porvir**: a inserção do protestantismo no Brasil. São Paulo: Editora da Universidade de São Paulo, 2008. p. 273.

[103] FOUCAULT, Michel. **A arqueologia do saber**. Rio de Janeiro: Forense Universitária, 2008. p. 159-167.

os homens indistintamente.[104] Ainda segundo Mendonça, a teologia do Pacto, ou federalismo, parece ser a raiz da ideologia do Destino Manifesto. Ele defendeu que esta teologia foi organizada e difundida pela confissão de Westminster. Contudo, não indicou as diferenças entre a confissão elaborada na Grã-Bretanha e a usada nos EUA. A grande inovação dessa teologia no que diz respeito à soteriologia estaria na iniciativa humana em se apropriar da graça oferecida por Deus.

Seria mesmo este ponto um elemento inovador? João Calvino e seus primeiros seguidores foram desavisados quanto aos textos bíblicos que enfatizam a responsabilidade humana? Não seria essa leitura sobre a obra de Calvino uma tentativa de identificar uma corrente teológica mais coerente ao pensamento do teólogo, de modo a tratar uma abordagem calvinista como ortodoxa, ou mais pura, e outra como mitigada? Em nenhum momento foram utilizados textos de Calvino no sentido de mostrar como ele posicionou-se quanto à necessidade do arrependimento humano, nem textos que mostram as práticas calvinistas antes dos movimentos metodistas.

Sobre as implicações históricas da doutrina da salvação, Mendonça defendeu que houvesse a necessidade de substituir a soteriologia calvinista ortodoxa pela arminiana ligada aos movimentos metodistas diante da expansão dos ideais iluministas que afirmavam a suficiência da razão humana. Tais articulações, porém, foram elaboradas pelo sociólogo, não pelos missionários que defendiam tais doutrinas. A doutrina da salvação tende a caminhar dissociada da doutrina das últimas coisas. Quando caminharam juntas, houve alguém que as articulassem, não sendo, porém, a única articulação possível. De modo que existem calvinistas e arminianos — no que diz respeito à doutrina da salvação — que sustentam as principais três perspectivas a respeito do milênio, assim como sustentam distintas relações entre a Nova e a Antiga Aliança, ou o Velho e o Novo Testamento, seguindo diferentes princípios hermenêuticos, o que independem da sua doutrina da salvação.[105]

Além disso, supondo que Simonton e os primeiros presbiterianos tivessem uma prática ligada aos movimentos metodistas e uma soteriologia calvinista mitigada, como concluir que a motivação para

---

[104] MENDONÇA, Antônio Gouvêa. **O Celeste porvir**: a inserção do protestantismo no Brasil. São Paulo: Editora da Universidade de São Paulo, 2008. p. 62.

[105] FEINBERG, John S. **Continuidade e descontinuidade**: perspectivas sobre o relacionamento entre o antigo e o novo testamento: Ensaios em homenagem ao S. Lins e Johnson Jr. São Paulo: Hagnos, 2013. p. 80.

o abandono do calvinismo ortodoxo estaria na cultura dominante fundada nos valores do racionalismo-iluminista? Tal abordagem acaba por desconsiderar a singularidade da experiência dos primeiros presbiterianos que atuaram no Brasil, prendendo a leitura do referido período histórico aos seus ascendentes teológicos e aos valores da cultura tida como dominante.

Cabe dizer que Mendonça aproximou-se de Peter Berger não só na sua base teórica sobre a sociologia do conhecimento aplicado ao fenômeno religioso, mas na sua aplicação histórica verificada no processo de secularização. Parece haver um esforço de adequação da tese de Peter Berg ao caso da história do protestantismo no Brasil. Para Berger, a ortodoxia protestante sofreu dois grandes choques no século 19, sendo o primeiro deles o movimento metodista pietista, cujo emocionalismo subjetivista contribuiu para dissolver as estruturas dogmáticas; e o segundo deles o racionalismo iluminista, como uma consequência involuntária da erosão pietista racionalista.[106] Assim, a leitura de Mendonça sobre o princípio do protestantismo no Brasil parece ter sido amarrada às conclusões de Berger sobre o impacto do pietismo e do racionalismo iluminista nas vertentes ortodoxas do protestantismo puritano calvinista. Não podemos, por outro lado, deixar de reconhecer que Berger alterou a sua tese sobre a secularização nos últimos anos da sua vida. Para o sociólogo, ao invés de encontrarmos uma secularização, teríamos na modernidade movimento de pluralização.[107]

Portanto, não consideramos a experiência de Simonton como um calvinismo diluído, nem tentamos compreender a sua experiência como se ela fosse um mero desdobramento dos movimentos metodistas.

Outro feito do missionário Simonton foi a organização de um Seminário Teológico Primitivo, o qual foi iniciado em maio de 1867, iniciado com a autorização e financiamento Conselho de Missões Estrangeiras da PCUSA. O Seminário ficava numa casa de três pavimentos alugada no Rio de Janeiro, na Praça da Aclamação, n. 49. Matricularam-se no seminário Antônio Bandeira Trajano, Modesto Perestrello Barros de Carvalhosa, o poeta Santos Neves, Miguel Torres e Antônio Pedro de Cerqueira Leite. Cada estudante recebeu do próprio Melancthon Jacobus (1816-1876) a

---

[106] BERGER, Peter Ludwig. **O dossel sagrado**: elementos para uma teoria sociológica da religião. São Paulo: Ed. Paulinas, 1985. p. 167-168.

[107] BERGER, Peter L. **The Many Altars of Modernity**: toward a paradigm for religion in a pluralist age. De Gruyter, Inc, Boston, 2014, doi: 10.1515/9781614516477.

coleção completa dos seus comentários bíblicos.[108] Os primeiros professores foram: Simonton, o qual ensinava teologia; Schneider, o qual ensinava matemática; pastor luterano Karl Wagner, o qual ensinava grego e história da Igreja, com formação da Universidade da Basileia, da igreja Luterana que atendia aos imigrantes da região da Germânia. Com a morte de Simonon, o seu cunhado Blackford assumiu a sua vaga. Quando Wagner retornou à suíça, o seminário contou apenas com Blackford e Schneider até a chegada de novos missionários.[109] Enquanto o Seminário de Princeton ofereceu uma opção de especialização posterior à formação no College, o Seminário Primitivo oferecia um curso de licenciatura com o qual os estudantes poderiam prestar um exame de ordenação. Nesse sentido, o curso visava atender a demanda de estudantes que ainda não possuíam um curso de ensino superior.

O missionário Simonton acreditava que por meio da educação e da difusão de literatura protestantes o *Reino de Deus* avançaria sobre o Império do Brasil. Ao proferir um dos seus últimos sermões no Brasil, "Os meios necessários e próprios para plantar o Reino de Jesus Cristo no Brasil"[110], perante o Presbitério do Rio de Janeiro no dia 16 de julho de 1867, Simonton destacou as principais estratégias para a propagação do Evangelho no Brasil.

Simonton Imaginava que toda a sociedade seria transformada em decorrência da pregação do Evangelho pode apontar para o fato de que, por mais que o missionário tomasse como prioridade a salvação das almas e a morada eterna dos homens, o "porvir", ele também nutria uma certa esperança, um desejo e um compromisso com transformação da morada terrena e passageira. Apesar de o conceito de *Reino de Deus* não ter sido explorado sistemática e exaustivamente ao longo do texto, ele é assumido como uma realidade do tempo presente que se expande com a pregação do Evangelho, resultando na transformação de toda a sociedade: "É assim que o Evangelho se propaga. Cada crente deve comunicar a seu vizinho ou ao próximo aquilo que recebe até que toda a sociedade seja transformada"[111]. Portanto, a sua missão não era apenas trazer felicidades individuais no tempo pós-morte ou pós-retorno de Cristo, mas também trazer à nação um tipo de felicidade coletiva.

---

[108]   REIS, Alvaro. **Almanak Histórico**. Rio de Janeiro: Casa Editora Presbiteriana, 1902.

[109]   LESSA, Vicente T. **Annaes Da 1.a Egreja Presbyteriana De São Paulo (1863-1903):** Subsídios Para a História do Presbiterianismo Brasileiro. 1a Egreja Presbiteriana Independente de São Paulo. São Paulo, 1938.

[110]   SIMONTON, Ashbel Green. **O diário de Simonton (1852-1866)**. São Paulo: Cultura Cristã, 2002. p. 182.

[111]   SIMONTON, Ashbel Green. **O diário de Simonton (1852-1866)**. São Paulo: Cultura Cristã, 2002. p. 182.

O primeiro meio adequado para a propagação de tal Evangelho consistia na vida santa e irrepreensível dos seguidores de Cristo. O modelo de vida destes seria como sal para temperar a vida dos que ainda não tinham a Jesus como Senhor e Salvador. O segundo meio seria a distribuição de bíblias, livros e folhetos religiosos. E não se tratava de um recurso opcional, mas de uma estratégia que os cristãos deveriam usar obrigatoriamente se estivessem levando com seriedade a responsabilidade de tornar o nome de Cristo conhecido. Simonton afirmou:

> Nesta época a imprensa é arma poderosa para o bem, ou para o mal. Devemos trabalhar para que se faça e se propague em toda parte uma literatura religiosa em que se possa beber a pura verdade ensinada na Bíblia. [...] O cristão evangélico que não espalha nenhum livro ou folheto nem folha, não tem convicção do seu dever.[112]

O terceiro meio consistia em conversas espontâneas de cristãos com os seus amigos não cristãos, assim como em convites aos cultos. O quarto meio consistia no preparo de obreiros que seriam levantados no meio da igreja mediante a oração dos cristãos. Este preparo era tanto de estrangeiros como de nacionais que deveriam conhecer as escrituras sagradas e as ciências, assim eles teriam capacidade de apresentar a razão da fé aos que tentassem contradizê-los. O último meio mencionado foi a construção de escolas, a fim de que todas as faculdades do homem fossem desenvolvidas de modo que a sociedade progredisse, esperando, assim, que a geração posterior fosse superior à sua geração.

Dentre os meios tidos pelo missionário como adequados para a plantação do *Reino de Jesus Cristo* e dos trabalhos que ele realizou ao longo do seu ministério no Brasil, selecionaremos o *Imprensa Evangélica* por considerar a sua importância na compreensão da historicidade do conceito de *Reino de Deus* no presbiterianismo da segunda metade do século 19 no Brasil.

---

[112] SIMONTON, Ashbel Green. **O diário de Simonton (1852-1866)**. São Paulo: Cultura Cristã, 2002. p. 181.

Figura 2 – Capa do Jornal *Imprensa Evangélica* em 1864

Fonte: *Imprensa Evangélica*. Rio de Janeiro: Typographia Universal, v. 1, n. 1, 5 de novembro de 1864

Figura 3 – Capa do Jornal *Imprensa Evangélica* em 1870

Fonte: *Imprensa Evangélica*. Rio de Janeiro: Typographia Perseverança, v. 6, n. 7, 2 de abril de 1870

O jornal *Imprensa Evangélica* foi fundado por Simonton em 1864 e por ele presidido até a sua morte, em 1867. O jornal foi publicado até 1892 por outros editores, sendo mantido pela Junta de Missões da Igreja Presbiteriana e a sua redação ficava na Rua do Hospício, Rio de Janeiro. O periódico não era apenas um dos mais importantes meios de evangelização dos presbiterianos, mas também discutia as principais questões do contexto brasileiro e internacional. Além da motivação evangelística de Simonton ao fundar o periódico, David Gueiros Vieira afirmou que o missionário foi motivado pela grande quantidade de artigos envolvendo a temática religiosa publicados na imprensa, principalmente nos periódicos anticlericais.[113]

---

[113] FEITOZA, Pedro Barbosa de Souza. "**Que venha o Teu Reino**": estratégias missionárias para a inserção do protestantismo na sociedade monárquica (1851-1874). Dissertação (Mestrado em História) – Universidade

Apesar de Alderi S. Matos[114] afirmar que os pastores nacionais passaram a colaborar na redação do periódico a partir de artigos assinados somente depois da transferência para São Paulo, Lessa demonstrou que a contribuição dos nacionais pode ser constatada ainda na primeira década de sua criação (1860). Antônio Pedro contribui assiduamente com o periódico. Trajano ou Miguel Torres, ambos brasileiros, também contribuíram com a *Imprensa Evangélica* — neste caso, não fica claro qual dos dois ajudou, nem se a contribuição foi na redação. Isso aconteceu por ocasião da licença do reverendo Lenington. Segundo Lessa, outro indício dessa participação de nacionais na redação do *Imprensa Evangélica* pode ser percebido na biografia feita pelo major Fausto de Souza.[115]

Tais informações nos levam a considerar não apenas o trabalho dos missionários estrangeiros na fase em que a sede esteve situada no Rio de Janeiro, mas também a distribuição do periódico. Muitos números do *Imprensa Evangélica* foram distribuídos em Sorocaba ainda em 1865 por Blackford, cunhado de Simonton.[116] O periódico também já era distribuído em Campinas e, curiosamente, tendo um padre da localidade como um dos assinantes.[117]

Ao discorrer sobre a inserção do protestantismo em Fortaleza, Américo mencionou que boa parte da evangelização da igreja era destinada à elite intelectual da cidade, sendo o jornal *O Libertador* um importante meio de divulgação das suas ideias. Os líderes da igreja encontraram na defesa dos valores republicanos e do progresso uma porta de entrada para alcançar os liberais, que muitas vezes viam a Igreja Católica como um empecilho para o desenvolvimento da nação brasileira. O seu trabalho também nos ajuda a considerar o alcance que o jornal *Imprensa Evangélica* teve no Brasil, que circulou nas principais cidades onde a Igreja Presbiteriana estendia

---

de Brasília, Brasília, 2012. p. 39.

[114] MATOS, Alderi Souza. Atividade Literária dos Presbiterianos no Brasil. **Revista Fides Reformata**, São Paulo, v. 12, n. 2, p. 43-62, 2007.

[115] LESSA, Vicente Themudo [1938]. Subsídios para a história do presbiterianismo brasileiro (1863-1903). **Anais da 1ª Igreja Presbiteriana de São Paulo**. São Paulo: Cultura Cristã, 2010. p. 44, 89, 93.

[116] LESSA, Vicente Themudo [1938]. Subsídios para a história do presbiterianismo brasileiro (1863-1903). **Anais da 1ª Igreja Presbiteriana de São Paulo**. São Paulo: Cultura Cristã, 2010. p. 38.

[117] LESSA, Vicente Themudo [1938]. Subsídios para a história do presbiterianismo brasileiro (1863-1903). **Anais da 1ª Igreja Presbiteriana de São Paulo**. São Paulo: Cultura Cristã, 2010. p. 92.
Considerando a estreita relação entre pastores e missionários do Rio de Janeiro e São Paulo na redação e distribuição do periódico, não limitaremos a pesquisa ao período em quem o jornal esteve situado em uma cidade específica. Trataremos o jornal como um todo durante o período monárquico. Quando, porém, o periódico apresentar posicionamentos distintos sobre as questões aqui abordadas, explicitaremos as distintas fases.

a missão. Além da circulação de exemplares deste jornal confessional em Fortaleza, alguns trechos seus eram transcritos pelo reverendo De Layce Wlard em jornais de posição liberal, como *O Libertador*[118].

Mesmo afirmando que a finalidade do periódico *Imprensa Evangélica* seria estritamente religiosa, o jornal tratava de vários assuntos de ordem pública como a liberdade de fé e as interferências da moral cristã no Estado. Assim, o seu fundador, Simonton, parece sinalizar que a sua religião não estava restrita ao espaço privado e que a missão do jornal de "reformar os corações" ia além de uma transformação individual, apontando indiretamente para uma reforma mais ampla na sociedade.

> Este trabalho, não tendo em vista senão os interesses exclusivamente religiosos da sociedade em geral, como em particular do indivíduo, estranho a toda ingerência em política, a todos é consagrado; porém, com muita particularidade o dedicamos aqueles para quem a religião de Jesus Cristo ainda não se tornou cousa indiferente, e, no meio da perversão universal dos seus princípios divinos, não traíram ainda o dom mais precioso de Deus – a liberdade de consciência perante o evangelho.[119]

De acordo com Márcio Pereira, o anúncio da Guerra do Paraguai teria posto fim à pretensão apolítica apresentada nas edições iniciais do periódico. Ao comentar este acontecimento, o jornal defendeu a superioridade dos brasileiros em relação aos paraguaios e empregou termos elogiosos ao imperador[120]. Contudo, a discussão sobre o ensino religioso, já presente no primeiro número, não se trataria de uma postura política do jornal?

Além de defendermos que o periódico não iniciou o seu envolvimento político ao entrar na temática das guerras, indo de encontro ao que sustenta Márcio Pereira[121], sugerimos que, ao tratar de questões políticas, o periódico parte de pressupostos e de motivações de ordem religiosa, tornando um pouco delicada a separação entre o que seria um assunto religioso e um

---

[118] SOUZA, Robério Américo do Carmo. **Fortaleza e a nova fé**: a inserção do protestantismo na capital cearense (1882-1915). Dissertação (Mestrado em História) – Pontifícia Universidade Católica de São Paulo, São Paulo, 2001. p. 99.

[119] *Imprensa Evangélica*. Rio de Janeiro: Typographia Universal, v. 1, n. 1, 5 de novembro de 1864. p. 1.

[120] PEREIRA, Márcio Pereira de. **Palanque de papel**: discurso político dos jornais evangélicos brasileiros no periódico da República Velha. Dissertação (Mestrado em Ciências da Religião) – Universidade Metodista de São Paulo, São Bernardo do Campo, 2007. p. 28.

[121] PEREIRA, Márcio Pereira de. **Palanque de papel**: discurso político dos jornais evangélicos brasileiros no periódico da República Velha. Dissertação (Mestrado em Ciências da Religião) – Universidade Metodista de São Paulo, São Bernardo do Campo, 2007. p. 28.

assunto político. Para os presbiterianos, a guerra não se tratava apenas de conflitos entre nações por motivações de ordem política e econômica, mas do agir de Deus a fim de executar a sua boa vontade sobre a humanidade.

> Pode parecer estranho que um jornal de natureza puramente religiosa se preocupasse em expor notícias de acontecimentos políticos, sobretudo se alegrando com uma vitória conquistada em campo de batalha à custa de sangue. Tal estranhamento, porém, resulta de uma compreensão limitada de um dos seus mais altos dogmas da revelação.[122]

De acordo com João Calvino, a revelação divina não se restringiria aos livros sagrados, ou seja, os quais deveriam conduzir o homem à salvação. A revelação também estaria presente em sua forma natural em outros três lugares: nos corações humanos, em inscreve-se a lei moral; na natureza, que, de acordo com o Salmo 19, manifesta a glória de Deus; e na história, por meio da qual Deus apresenta a sua intervenção sobre os eventos da humanidade.[123]

Ainda sobre este assunto, O *Imprensa Evangélica* apresentou um texto intitulado "A Bíblia, a natureza e a história do gênero humano particularmente dão testemunho de Deus", no qual será também apresentada uma dialética entre revelação natural e especial envolvendo o conhecimento de Deus.[124]

Nesse sentido, o conceito de "providência" é um elemento chave que envolve o conhecimento sobre a divindade a parte da "revelação especial", pois ele diz respeito ao controle de Deus sobre todos os eventos do universo, que tem como objetivo maior a sua própria glória, portanto, visa o bem maior de toda a humanidade. Desse modo, as guerras noticiadas pela *Imprensa Evangélica*, como demonstraremos no capítulo três, carregavam não apenas uma leitura sobre os eventos políticos, mas um posicionamento dos presbiterianos sobre o agir de Deus na história.

Para o historiador Pedro Barbosa de Souza Feitoza, a função do periódico *Imprensa Evangélica* era semelhante à distribuição de bíblias, contudo, não se restringia às temáticas religiosas e se assemelhava aos periódicos da imprensa laica ao apresentar assuntos diversificados. O jornal era considerado pelos missionários como o principal meio de evangelização

---

[122] *Imprensa Evangélica*. Rio de Janeiro: Typographia Perseverança, v. 2, n. 19, 6 de outubro de 1866. p. 6.

[123] CALVINO, João. **As Institutas da Religião Cristã**. p. 47, 53, 61, 69, 77, 78, 163-165, 198-208, 214.

[124] *Imprensa Evangélica*. Rio de Janeiro: Typographia Perseverança, v. 3, n. 13, 6 de julho de 1867. p. 6.

"não humana".[125] Ele era distribuído no Rio de Janeiro, São Paulo e Minas Gerais. Os seus textos divulgavam uma visão de mundo protestante não apenas por sermões, de modo que:

> Mesmo se tratando de um jornal declaradamente religioso, não é possível desatrelar o projeto missionário defendido por esse veículo das suas articulações com o poder e com a política. Nos artigos publicados, os autores articulavam sua visão de mundo, suas impressões, posicionamentos e propostas políticas, pois a difusão de sua religião no país dependia, inclusive das relações políticas estabelecidas no país.[126]

Ainda de acordo com Pedro Feitoza, o número de artigos de teor político no *Imprensa Evangélica* aumentou na década de 1870, influenciado, sobretudo, pelos debates em torno da chamada Questão Religiosa (1872-1873). Baseando-se no trabalho de David Gueiros Vieira[127], Feitoza afirmou os prováveis responsáveis pela politização do periódico foram os redatores brasileiros José Manoel da Conceição, Antônio José dos Santos Neves, Júlio César Ribeiro Vaughan e Dr. Miguel Vieira Ferreira (um dos fundadores do clube republicano e redator do jornal *A República*). O periódico se posicionou contra a união entre a Igreja e o Estado como base para o progresso, a favor dos direitos dos acatólicos.[128]

> Tendo como orientação a doutrina e como ferramenta de trabalho as palavras e textos sagrados, os protestantes, em nome de sua missão e na defesa de suas crenças fizeram suas inserções nos debates e na vida política nacional.[129]

Para Boanerges Ribeiro, o periódico teve duas funções principais: o de integrar a denominação que se formava no Brasil e a de articulá-la às elites nacionais.

---

[125] FEITOZA, Pedro Barbosa de Souza. **Protestants and the Public Sphere in Brazil, c. 1870 – c. 1930.** Tese (Doutorado em História) – University of Cambridge, Cambridge, 2019. p. 63.

[126] FEITOZA, Pedro Barbosa de Souza. **"Que venha o Teu Reino"**: estratégias missionárias para a inserção do protestantismo na sociedade monárquica (1851-1874). Dissertação (Mestrado em História) – Universidade de Brasília, Brasília, 2012. p. 81.

[127] VIEIRA, David Gueiros. **O Protestantismo, a maçonaria e a Questão Religiosa no Brasil.** Brasília: Editora Universidade de Brasília, 1980.

[128] FEITOZA, Pedro Barbosa de Souza. **"Que venha o Teu Reino"**: estratégias missionárias para a inserção do protestantismo na sociedade monárquica (1851-1874). Dissertação (Mestrado em História) – Universidade de Brasília, Brasília, 2012. p. 81-83.

[129] FEITOZA, Pedro Barbosa de Souza. **"Que venha o Teu Reino"**: estratégias missionárias para a inserção do protestantismo na sociedade monárquica (1851-1874). Dissertação (Mestrado em História) – Universidade de Brasília, Brasília, 2012. p. 84.

> A Imprensa foi o grande integrador da jovem denominação religiosa. [...] no sínodo de 1888 há 62 igrejas e 31 pastores. [...] As fronteiras da nova igreja não param, é um fluxo constante de gente que vai, gente que vem, gente que chama os pregadores e não podem ser atendidas. Entrementes, a Imprensa vai lá. Atende, prega, edifica, instrui levanta o moral e o entusiasmo. Em Ubatuba, a igreja nasceu em torno dela, e como resultado de sua leitura antes que ali chegassem pregadores. [...] E serve de contato entre os presbiterianos e as elites nacionais. Denuncia os maus tratos e as perseguições e é ouvida. Fere-se a luta nacional pela liberdade religiosa: seu apoio é procurado e dado.[130]

Segundo João Leonel, o periódico teve uma função importante na formação dos leitores protestantes no Brasil do século 19. E isso aconteceu a partir de quatro estratégias:

> A proposta de uma reunião familiar conduzida pelo pai de família ou por um responsável, leigo ou pastor [...]; A segunda estratégia submetia os leitores, protestantes ou não, a uma forma de doutrinação própria a esses textos de gênero catequético [...]; A terceira a qual pertenciam os missionários, no primeiro caso, assim como para atrair os católicos, no segundo estratégia fazia uso de bíblias protestante e católica como uma forma de afirmação da tradição à tradição à qual pertenciam os missionários, no primeiro caso, assim como para atrair os católicos, no segundo [...]; Ausência de transcrição integral dos textos bíblicos na seção. Tal procedimento estimulava os ouvintes a possuírem a Bíblia para acompanhar as lições.[131]

Ainda de acordo com João Leonel, Simonton tinha bastante conhecimento quanto ao mercado de publicações de periódicos nos EUA e viu no Brasil uma excelente oportunidade de inserir a mensagem da salvação neste meio de comunicação.

> Em 1828 havia 852 jornais. Passados 32 anos, em 1860 o número chega a 405118. [...] Em 1843, Mais de 60 jornais evangélicos são publicados semanalmente. Os Metodistas publicam 8, incluindo um em alemão [...]. Os Episcopais têm 12; os Batistas 20; os Presbiterianos [...] mais de 20. [...]

---

[130] RIBEIRO, Boanerges. **Protestantismo e cultura brasileira**. São Paulo: Casa editora Presbiteriana, 1981. p. 101.

[131] LEONEL, João. O jornal Imprensa Evangélica e a formação do leitor protestante brasileiro no século XIX. **Protestantismo em Revista**, São Leopoldo, v. 35, p. 65-81, set./dez. 2014. p. 77.

> No total, eles não devem ter menos de 250.000 assinantes. E, segundo o autor, em relação aos jornais comerciais: "Se considerarmos os editores de forma geral, devemos reconhecer que eles são prontos a disponibilizar suas colunas para a publicação de textos religiosos.[132]

A experiência de Simonton no periódico *Presbyterian* foi breve, e em seu diário existe apenas um registro mostrando o quão pouco ele vendeu em um dia inteiro de trabalho, tendo apenas duas assinaturas.[133] Para o missionário, o mal resultado seria justificado pela pouca quantidade de presbiterianos na cidade e pela existência do jornal de *Gildersleeve*, que supria bem a população com informações. A pouca quantidade de vendas em sua experiência individual parece não ter desmotivado o missionário a fundar o primeiro periódico protestante no Brasil. Conforme expressou em seus diários e sermões, para difundir o Evangelho neste novo país, seria preciso fazer uso da imprensa. Desse modo, a nação evangelizada teria condições de se inserir dentro do grupo das grandes nações civilizadas. Ou seja, Simonton entendia que para que Cristo fosse efetivamente conhecido, e que a sociedade brasileira fosse transformada, seria preciso um avanço na difusão da literatura protestante.[134]

Ao citar o Boanerges Ribeiro, João Leonel mostrou que o primeiro número teve uma tiragem de 450 exemplares. E sobre a materialidade do jornal, mencionou que:

> O formato se mantém pouco alterado, à medida que o século avança. Impressa em quarto, a qualidade do papel não se mantém: volumes em áspero jornal, e outros em papel de maior peso e melhor contextura. A partir de 1868 inserem-se gravuras a traço com a intenção (declarada) de popularizar o periódico.[...] Há longas publicações em séries, desde a História da Igreja, de Wharey, até à Confissão de Fé, de Westminster e o Livro de Ordem da Igreja Presbiteriana; ou biografias, como a de Bernardo de Palissy [...] ou "ficção evangélica", um gênero aparentemente extinto, em que os heróis são evangélicos que vencem perseguições ou outros obstáculos à vida cristã [...] Há noticiário interna-

---

[132] LEONEL, João. O jornal Imprensa Evangélica e a formação do leitor protestante brasileiro no século XIX. **Protestantismo em Revista**, São Leopoldo, v. 35, p. 65-81, set./dez. 2014. p. 71.

[133] CRUZ, Karla Janaina Costa. **Cultura impressa e prática leitora protestante no oitocentos.** Tese (Doutorado em Linguística e Ensino) – Universidade Federal da Paraíba, João Pessoa, 2015. p. 110.

[134] SIMONTON, Ashbel Green. **O diário de Simonton (1852-1866).** São Paulo: Cultura Cristã, 2002. p. 169. *Imprensa Evangélica.* Rio de Janeiro: Typographia Perseverança, v. 1, n. 1, 2 de fevereiro de 1867. p. 1, 2.

cional, usualmente nas últimas páginas; nesse noticiário desenha-se a imagem de uma Igreja Católica Romana em crise, dividida, perdendo fiéis e sacerdotes pelo mundo a fora, bem como de missões protestantes mundiais, Bíblias fartamente distribuídas e lidas.[135]

Dentre os estudos sobre o periódico *Imprensa Evangélica*, dois deles apresentam uma visão panorâmica de toda a sua organização. O primeiro deles trata do *Imprensa Evangélica* em distintas fases no contexto brasileiro, atentando para a produção e distribuição do jornal, sua relação com o governo Monárquico e com a Igreja Católica.[136] O segundo mostra os diversos gêneros literários que se inserem dentro do jornal, relacionando-o aos outros periódicos confessionais e laicos dos Estados Unidos e Brasil.[137]

Karla Cruz notou a ausência de trabalhos sobre o periódico protestante nos manuais referência sobre a imprensa brasileira. No intuito de contribuir para preencher tal lacuna, ela investigou as especificidades do periódico.

> Intrigou-nos, porém, o silenciamento dos principais manuais que tratam sobre a história da imprensa no Brasil, a exemplo de SODRÉ (1977) e HALLEWEEL (2003), bem como dos manuais literários em relação à produção literária protestante e à significativa circulação de impressos que, no referido período, deram início à implantação de um sistema literário e uma consequente cultura editorial evangélica. Isso talvez se deva ao fato de ser o Brasil um país tradicionalmente católico o que condicionou a maioria das pesquisas religiosas, no âmbito educacional e literário, à religião oficial.[138]

A autora identificou e catalogou os principais jornais evangélicos do século 19, descreveu os gêneros literários, dando ênfase ao *Imprensa Evangélica*, e reconstituiu a formação de um sistema literário protestante no Brasil oitocentista considerando os critérios de autoria, tradução, leitor, editoração e obras, tomando para isso os jornais, catálogos, livros e folhetos protestantes.

---

[135] LEONEL, João. O jornal Imprensa Evangélica e a formação do leitor protestante brasileiro no século XIX. **Protestantismo em Revista**, São Leopoldo, v. 35, p. 65-81, set./dez. 2014. p. 72.

[136] DOS SANTOS, Edwiges Rosa. **O Jornal Imprensa Evangélica**: diferentes fases no contexto brasileiro (1864-1892). São Paulo: Editora Mackenzie, 2009.

[137] CRUZ, Karla Janaina Costa. **Cultura impressa e prática leitora protestante no oitocentos**. Tese (Doutorado em Linguística e Ensino) – Universidade Federal da Paraíba, João Pessoa, 2015.

[138] CRUZ, Karla Janaina Costa. **Cultura impressa e prática leitora protestante no oitocentos**. Tese (Doutorado em Linguística e Ensino) – Universidade Federal da Paraíba, João Pessoa, 2015. p. 19.

De acordo com a autora, a imprensa protestante utilizava de gêneros comuns à imprensa secular com uma finalidade utilitarista. Ela também lembra que, mesmo antes da fundação dos jornais protestantes, os missionários publicavam em periódicos seculares, como o caso de Kalley, o médico congregacional que começou publicando a obra *O Peregrino*, de John Buynan, no *Correio Mercantil* em 1861.[139]

Nos últimos anos em que o *Imprensa Evangélica* circulou, a sede da sua redação estava em São Paulo. Em 1891, o redator chefe era o reverendo Wandwell, que entregou ao senhor J. A. Corrêa a responsabilidade de gerenciar o periódico. A revisão e distribuição ficavam com os estudantes de teologia.[140]

Além da falta de apoio financeiro para que o jornal continuasse, os estrangeiros não concederam os direitos para que o periódico seguisse organizado pelos nacionais. Assim, em 1892, as atividades do *Imprensa Evangélica* foram encerradas.

> Desde o desaparecimento da *Imprensa Evangélica*, até então publicada pelos missionários, surgiu a ideia, entre os nacionais, de ressuscitá-la; mas, como da declaração que fez, por ocasião de sua suspensão, se deduzia ser esta temporária nada se podia fazer sem aquiescência de seus editores. Estes, porém, negaram-se a ceder aos nacionais o direito que tinham sobre o título da publicação. Quem escreve estas foi um dos membros da comissão encarregada de entender-se com os missionários a tal respeito.[141]

Os nacionais conseguiram os direitos do periódico apenas em 1898, quando o reverendo Matias Gomes dos Santos ressuscitou o *Imprensa Evangélica* na Bahia por alguns anos.[142] Não tivemos, porém, acesso a esta documentação.

O que foi ensinado e divulgado no *Imprensa Evangélica* sobre a vida na terra e a história da humanidade até o retorno de Jesus? Havia uma esperança de que o *Reino de Deus* seria pleno quando a humanidade che-

---

[139] CRUZ, Karla Janaina Costa. **Cultura impressa e prática leitora protestante no oitocentos.** Tese (Doutorado em Linguística e Ensino) – Universidade Federal da Paraíba, João Pessoa, 2015. p. 88.

[140] LESSA, Vicente Themudo [1938]. Subsídios para a história do presbiterianismo brasileiro (1863-1903). **Anais da 1ª Igreja Presbiteriana de São Paulo.** São Paulo: Cultura Cristã, 2010. p. 320.

[141] LESSA, Vicente Themudo [1938]. Subsídios para a história do presbiterianismo brasileiro (1863-1903). **Anais da 1ª Igreja Presbiteriana de São Paulo.** São Paulo: Cultura Cristã, 2010. p. 343.

[142] LESSA, Vicente Themudo [1938]. Subsídios para a história do presbiterianismo brasileiro (1863-1903). **Anais da 1ª Igreja Presbiteriana de São Paulo.** São Paulo: Cultura Cristã, 2010. p. 547.

gasse a um elevado nível de progresso moral, científico e civilizatório? Como ocorreria a expansão do *Reino de Deus* no Império do Brasil? Como tal expansão transformaria a condição humana? Qual era o papel do homem e de Deus para a efetivação dessa transformação? Quais eram os papeis do Estado, da família, da Igreja e dos indivíduos nesta expansão? A partir de agora, exploraremos tais questões a partir da análise do conceito de *Reino de Deus* presente nas distintas fases do periódico e dos conceitos de "providência" e "humanidade" a partir dos casos da Guerra do Paraguai, de Secessão e do Risorgimento italiano.

CAPÍTULO 2

A METÁFORA DO *REINO DE DEUS* NO JORNAL *IMPRENSA EVANGÉLICA*

2.1 Considerações preliminares sobre linguagem e escatologia

A legitimidade das metáforas na construção de sentidos é criticada pelos credores da objetividade científica, uma vez que a subjetividade do signo linguístico pode gerar uma imprecisão dos saberes. É preciso sinalizar que os estudos da linguagem estiveram, durante muitos séculos, marcados por princípios racionais lógicos que, por conseguinte, deram espaço aos estudos históricos por meio dos quais as transformações linguísticas assumem uma certa regularidade e não dependem das ações dos homens enquanto indivíduos. Contudo, a partir dos postulados linguísticos de Ferdinand de Saussure[143], deu-se o advento do estruturalismo a partir do qual os teóricos passaram a dedicar-se às interrelações culturais que projetam o signo em uma dada cultura. Para os estruturalistas, a língua é um sistema vivo e, por isso, não pode ser estudada somente a partir de uma visão diacrônica (linguística histórica), mas deve ser avaliada a partir de sua inserção em determinado contexto (visão sincrônica). Essa constatação é importante porque revela que os componentes linguísticos estão em constante transformação e são construídos por pares de opostos que dialogam com a visão dicotômica da linguagem discutida por Saussure (2002) em seu *Curso de Lingüística Geral*: língua versus fala; sincronia versus diacronia; sintagma versus paradigma; e significante versus significado.[144] Em síntese, as dicotomias saussurianas consideram que a língua não é um elemento individual, mas, sim, uma rede de signos que advém de convenções estabelecidas pela sociedade.

O sistema linguístico saussuriano permite ao homem, a partir da palavra, organizar a realidade e a percepção do universo que lhe rodeia. Esse é

---

[143] SAUSSURE, Ferdinand. **Curso de Lingüística Geral**. 30. ed. São Paulo: Cultrix, 2002.
Ferdinand de Saussure foi professor na Universidade de Genebra e, logo após a sua morte, os seus discípulos reuniram os seus estudos na obra *Curso de Lingüística Geral*.

[144] SAUSSURE, Ferdinand. **Curso de Lingüística Geral**. 30. ed. São Paulo: Cultrix, 2002.

um mecanismo que se dá por meio da intersecção de processos históricos e contratos sociais que caracterizam o seu uso. Segundo Saussure (2002), o signo linguístico compõe-se de um conceito e de uma imagem acústica, ambos extrínsecos ao indivíduo e pertencentes às sistematizações socioculturais e históricas. Por seu caráter sistêmico, a filosofia estruturalista é acusada de destruir a autossuficiência da racionalidade humana, já que o homem, subjugado por sistemas culturais concretos — entre eles linguísticos —, desde o seu nascimento, tem a sua autonomia e subjetividade prejudicadas.[145]

O filósofo contemporâneo Paul Ricoeur, respeitado pesquisador da área da hermenêutica e da fenomenologia, apropriou-se da ideia do signo linguístico de Saussure, no entanto busca encontrar uma teoria do sujeito e, consequentemente, coloca em evidência a subjetividade do discurso. O autor francês, portanto, reconheceu que a concretização da linguagem enquanto língua não é algo estático e predeterminado por um sistema cultural, mas, sim, uma questão dinâmica e, também, individual. Em sua obra *A Metáfora Viva*, o estudioso evidenciou o "estranho uso das palavras"[146] que designa coisas distintas permitindo um alargamento de sentidos. Para ele, é possível tecer uma estreita relação entre a metáfora e a retórica: "Poesia e eloquência delineiam deste modo dois universos do discurso distintos. Ora, a metáfora tem um pé em cada um destes domínios [...] há, portanto, uma única estrutura da metáfora (transferência do sentido) mas duas funções da metáfora (retórica e poética)".[147] Além do sentido retórico, Ricoeur apresentou a importância de se considerar os aspectos semânticos da metáfora. Para isso, ele recorreu às críticas da semântica moderna e às classificações da metáfora feitas pela retórica antiga.

Seis críticas são apresentadas. Na primeira delas, a metáfora não é tratada como uma figura concernente à nominação, mas ao sentido, não sendo apenas um acidente da nominação. A segunda, antes de propor uma mudança de sentido das palavras, a metáfora propõe uma mudança dos enunciados, não sendo possível, portanto, compreender uma palavra metafórica, mas, sim, um enunciado metafórico. Conforme a terceira crítica, a razão dessa mudança não é uma mera ilustração, mas a conciliação de duas ideias normalmente entendidas como incompatíveis, sendo a metáfora responsável tanto pela identificação como pela fundação de

---

[145] SAUSSURE, Ferdinand. **Curso de Lingüística Geral**. 30. ed. São Paulo: Cultrix, 2002.

[146] RICOEUR, Paul. **A Metáfora Viva**. São Paulo: Edições Loyola, 2000. p. 41.

[147] RICOEUR, Paul. **A Metáfora Viva**. São Paulo: Edições Loyola, 2000. p. 19.

uma semelhança entre elas. De acordo com a quarta crítica, mais que uma substituição e uma associação por semelhança entre palavras, a metáfora propõe uma tensão e uma inovação semântica, de modo que o novo sentido não pode ser encontrado nos dicionários ou nos usos convencionalmente estipulados numa sociedade.[148]

Por seu caráter inovador de um enunciado metafórico fundado num discurso inédito e compreendido pelos receptores como um paradoxo a ser decifrado, a metáfora é viva. Caso entrasse nos dicionários ou no uso corriqueiro das palavras, a metáfora se tornaria morta e, portanto, deixaria de ser metáfora, por exemplo, a palavra "pé-de-mesa".

A quinta observação sugere que a outra marca dessa inovação semântica é a impossibilidade de traduzir a metáfora na tentativa de reestabelecer um sentido literal. Neste caso, o significado metafórico seria diluído e não compreendido pelos receptores de outro contexto sócio-histórico-linguístico. Por último, a metáfora diz algo novo sobre a realidade de um dado contexto.

No que se alude ao conceito religioso de *Reino de Deus*, as suas variações partem em grande medida das disputas interpretativas em torno do texto bíblico *Apocalipse* capítulo 20. Como mostra Jacques Le Goff, a compreensão histórica das interpretações dadas a este texto é fundamental no estudo da história do mundo ocidental, pois ele se refere, na ótica cristã, ao período intermediário entre o mundo que sofria com os efeitos do pecado e o novo mundo criado por Deus.

> Essa nova era, essa instalação do céu na terra (heavens on earth) deve, segundo o Apocalipse 20:1-5, durar "mil anos", número simbólico que indica uma longa duração subtraída ao desenrolar normal do tempo. Este Millenium deu o nome a toda uma série de crenças, de teorias, de movimentos orientados para o desejo, a espera, a ativação dessa era: são os milenarismos (ou, segundo o grego, chiliasmos). Muitas vezes o aparecimento dessa era está ligado à vinda de um salvador, de um guia sagrado que ajuda a preparação para o fim dos tempos, deus ou homem, ou homem-deus, chamado Messias na tradição judaico cristã, derivando daí o nome de messianismos, dado aos milenarismos ou movimentos similares, centrados em volta de uma personagem.[149]

---

[148] RICOEUR, Paul. **Hermenêutica bíblica.** São Paulo: Edições Loyola, 2006. p. 171-173.

[149] LE GOFF, Jacques. **História e Memória**. 5. ed. Campinas: Unicamp, 2003. p. 329.

Ao longo da história do Cristianismo, o texto de *Apocalipse* 20 foi interpretado de diversas maneiras. As principais discussões giram ao redor das seguintes perguntas: esses mil anos são literais ou alegóricos? Cristo reinará fisicamente durante os mil anos ou através do Espírito Santo mediante a atuação da Igreja? Quando esses mil anos aconteceram ou serão iniciados? Qual será a qualidade deste Reino? Qual a parte de Cristo, da Igreja e do Estado na promoção do Reino?

Questões que, aparentemente, se apresentam dentro do campo da religião ou da teologia não se encontram apartadas das demais áreas do conhecimento e não limitam seu alcance aos grupos religiosos, mas afetam outras esferas da sociedade. O homem religioso está organizando o seu mundo e interferindo diretamente sobre a sociedade, tendo em grande medida a esperança certa das coisas que estão por vir como fonte motivacional do seu agir histórico.

Dentro da perspectiva da história das mentalidades, Jean Delumeau[150], em seu livro *Mil Anos de Felicidade: uma história do paraíso,* investigou como as variações dos usos do texto *Apocalipse* 20 dadas ao longo da história do Cristianismo foram fundamentais na formação da mentalidade no mundo ocidental. Ele trabalhou com a ideia de que há na humanidade uma inquietação quanto ao seu futuro e que as projeções feitas a respeito dele têm uma estreita relação com o agir histórico.

As principais interpretações do texto de *Apocalipse 20* costumam ser divididas em: pré-milenarismo, pós-milenarismo e amilenarismo. Os pré-milenaristas costumam interpretar essa passagem bíblica literalmente, acreditando que o retorno de Cristo deve acontecer antes do milênio, evento antecedido por guerras, fome e desastres naturais, apostasia religiosa, pregação do Evangelho em todo o mundo, ascensão do Anticristo e a grande tribulação. Nesse sentido, os pré-milenaristas são pessimistas em relação ao futuro na presente era. Os amilenaristas interpretam o referido versículo como alegórico, portanto, não seriam mil anos literais. Eles acreditam que o *Reino de Deus* deveria caminhar em disputa com *reino dos homens* até o dia do fim. Nesse sentido, os amilenaristas são um pouco mais otimistas que os pré-milenaristas e um pouco menos otimistas que os pós. Os pós-milenaristas, além de encarrem essa passagem bíblica como alegórica, acreditava que Jesus Cristo retornaria depois dos mil

---

[150] DELUMEAU, Jean. **Mil Anos de Felicidade**: uma história do paraíso. São Paulo: Companhia das Letras, 1997.

anos de felicidade, ou seja, a humanidade caminharia em um progresso irreversível até o retorno de Cristo.[151]

Dentre as variações interpretativas de *Apocalipse 20*, Delumeau explicou o cerne da divisão entre o pré-milenarismo e o pós-milenarismo, bem como as implicações históricas de ambas as perspectivas no caso dos Estados Unidos:

> Os primeiros (pré-milenaristas) acreditavam numa vinda concreta, real, em pessoa, de Cristo no início do milênio. Para os segundos (pós-milenaristas), ao contrário, o milênio seria de fato o reino dos santos na terra, mas Jesus só desceria do céu para o Juízo Final. [...] A distinção entre pré e pós-milenarismo não será sem consequências quando se operar na América a passagem do pós-milenarismo para a esperança de uma era de felicidade e de liberdade que se espalhará na terra graças aos novos Estados Unidos.[152]

Ao falar do nascimento das utopias modernas, Delumeau apresenta aproximações destas com as esperanças milenaristas. Mesmo não partindo do princípio de que a revisão completa seria iniciada pela intervenção divina e sim pela ação programada do homem, as utopias partilhavam de um elemento comum à esperança escatológica da fé cristã: a possibilidade de uma paz coletiva na Terra. Foi justamente esta crença escatológica, expressa no Cristianismo pela esperança dos mil anos de felicidade coletiva na Terra, que marcou a mentalidade da Europa, gerando uma base para as projeções utópicas modernas.

Ao refletir sobre a laicização da esperança escatológica no mundo moderno, Delumeau não tratou o milenarismo e a modernidade como experiências autoexcludentes. Também não negou que o avanço da modernidade tenha implicado no abafamento do milenarismo. Em suas palavras:

> As utopias nos afastaram aparentemente do milenarismo, mas só aparentemente, pois elas constituíram um dos canais pelos quais se insinuou nas mentalidades ocidentais a esperança de uma felicidade terrestre coletiva para a humanidade do amanhã.[153]

---

[151] WEBER, Timothy P. Millennialism. *In*: WALLS, Jerry L. (ed.). **The Oxford Handbook of Escatology**. Oxford: Oxford Academic, 2009.

[152] DELUMEAU, Jean. **Mil anos de Felicidade**: uma história do paraíso. São Paulo: Companhia das Letras, 1997. p. 222.

[153] DELUMEAU, Jean. **Mil anos de Felicidade**: uma história do paraíso. São Paulo: Companhia das Letras, 1997. p. 268.

Considerando que, dentro do que Koselleck chama de pré-moderno, não existia uma esperança religiosa única, mas uma diversidade de esperanças e que dentro da modernidade há a permanência das esperanças religiosas, propomo-nos a investigar de que maneira a expectativa da Igreja Presbiteriana dialogou com outras expectativas modernas no Império do Brasil. Analisaremos como as ideias da instituição inserem-se e atuam no meio do debate intelectual sobre o futuro do Brasil e da humanidade na segunda metade do século 19.

Quanto ao posicionamento escatológico no Seminário de Princeton durante a segunda metade do século 19, Hodge, um dos teólogos pós-milenaristas mais conhecidos, era contrário às tentativas humanas de construir um cronograma dos eventos futuros partindo da análise dos acontecimentos presentes à luz da interpretação das profecias bíblicas.

No entanto, não havia consenso em Princeton sobre quais seriam os critérios básicos para a interpretação dos textos proféticos. Tal divergência pode ser percebida no relato de Ashbel Green Simonton, um dos alunos de Hodge enviados como missionário ao Brasil, sobre um discurso proferido em uma cerimônia de formatura do seminário:

> O bom velhinho começou a falar sobre profecia e os sinais dos tempos, o que provocou um sorriso em quase todos os rostos. Ele disse que a sexta taça estava sendo derramada agora e que, com o derramamento da sétima, haveria a vitória final da igreja, a reunião dos judeus e a Batalha do Armagedom na Palestina. No decorrer desse discurso inoportuno, ele abordou o Czar, a Turquia e a Crimeia por meio de um comentário contínuo. É muito lamentável que a solenidade de uma formatura seja estragada dessa maneira, e profetizo que isso não ocorrerá com frequência novamente.[154]

Apesar de o "pregador velhinho" ter apresentado um posicionamento distinto de Hodge, demostrando não haver unanimidade em Princeton, Simonton relata a sua percepção sobre a reação do público ao ver uma interpretação de profecia tão literalista, que foi uma percepção de riso e estranhamento. Reconhecer que parte significativa do grupo presente se posicionou contra a abordagem literalista do "velhinho" pode apontar para o fato de que havia em Princeton uma tendência às interpretações alegóricas de profecias e uma certa aceitação das doutrinas escatológicas sistematizadas por Hodge.

---

[154] SIMONTON, Ashbel Green. **Transcript of the Journal of the Rev. Ashbel Green Simonton.** May 6, 1855. p. 89.

Conforme Hodge, o conceito da providência não abraçaria apenas o princípio da preservação, mas também a governabilidade divina que sugere desígnio e controle: "Se Deus governa o universo, então ele possui algum grande alvo, inclusive um número infinito de fins subordinados, e ele tem de controlar a sequência de todos os acontecimentos de maneira que se assegure o êxito de todos os seus propósitos".[155] Além disso, a providência de Deus se divide entre a preservação e o governo de todas as suas criaturas e ações. A respeito da primeira, o teólogo explicita a necessidade de atribuir-lhe a doutrina bíblica a partir da qual a providência justifica-se pelo poder onipresente de Deus, por meio do qual a divindade concede continuidade ao mundo e revela o seu querer de maneira não revelada e inescrutável. abrangendo todos os seres viventes, incluindo os irracionais; poderoso, já que os desígnios divinos jamais falham; sábio, pois se adapta aos seus objetivos; santo, uma vez que as suas ações se ajustam à perfeição de sua natureza divina.[156]

A fundação da metáfora do *Reino de Deus* foi atribuída, de acordo com os presbiterianos, a Jesus Cristo no contexto do domínio do Império Romano sobre a região da Palestina. Contudo, os usos deste conceito metafórico foram ganhando novos sentidos à medida que foram sendo incorporados, com sentidos variados, às vivências religiosas de diversos segmentos do cristianismo ao longo do tempo. A expressão deixou de ser algo utilizado de modo simples, poético e retórico direcionado ao homem comum da Palestina, e passou pelas análises dos teólogos, que nela buscaram, mais que um uso prático para o cotidiano, compreender aspectos do pensavam ser o agir de Deus sobre a história da humanidade. Portanto, o *Reino de Deus* passou a ser um conceito chave da escatologia.

De acordo com Antony A. Hoekema (2012), professor de Teologia Sistemática no Calvin Seminary, entre os anos de 1958 e 1978, a Escatologia, para além das suas aplicações individuais e coletivas, é uma área da teologia que envolve tanto aspectos futuros (escatologia futura), como aspectos presentes (escatologia inaugurada). Sobre seus elementos futuros, em relação aos indivíduos, ela ocupa-se de assuntos como a morte física, imortalidade da alma e o estado intermediário entre a morte individual e a ressurreição coletiva; em relação ao universo e à totalidade dos seres humanos, a escatologia trata do retorno de Cristo,

---

[155] HODGE, Charles. **Teologia Sistemática**. São Paulo: Hagnos, 2001. p. 433.

[156] HODGE, Charles. **Teologia Sistemática**. São Paulo: Hagnos, 2001. p. 428-439.

da ressurreição geral, do juízo final e do estado final das últimas coisas, como a criação de um novo céu e uma nova terra. Sobre seus elementos presentes, ela preocupa-se em investigar a situação atual do cristão e a atual fase do *Reino de Deus*.[157]

Na *Teologia Sistemática* de Charles Hodge, a divisão da escatologia aparece de modo semelhante, e o conceito de *Reino de Deus* é destacado em dois momentos. Primeiramente, na parte sobre cristologia e, posteriormente, na parte sobre Escatologia. Para Hodge, falar sobre Cristo implica em falar também sobre a sua função enquanto rei.[158]

Como, portanto, o conceito de *Reino de Deus*, seria um bom indicativo da expectativa dos presbiterianos na formação do presbiterianismo brasileiro? Uma vez associado à escatologia presente, não seria este conceito importante apenas para a compreensão da experiência dos presbiterianos? Mesmo considerando apenas os aspectos da escatologia presente que envolvem o *Reino de Deus,* podemos encontrar elementos da expectativa presbiteriana, uma vez que a sua utilização é motivada muitas vezes pela tentativa de compreensão do estágio atual do Reino em relação aos eventos futuros que são aguardados. Além de presente e futuro, não devemos deixar de considerar os aspectos do tempo passado que se fazem presentes no conceito de *Reino de Deus*.

Considerando os livros solicitados por Ashbel Green Simonton na Biblioteca do Seminário de Princeton, destacamos o Comentário Compreensivo da Bíblia, que descreveu *Apocalipse 20* figurativamente por se tratar de um livro enigmático e cheio de emblemas.

> Agora, se a ressurreição aqui mencionada não é uma ressurreição literal, mas uma ressurreição figurativa; as mesmas razões nos levam a concluir que Cristo não descerá pessoalmente do céu para reinar na terra; mas que Ele reinará espiritualmente na prevalência de seu Evangelho, e por seu Espírito Santo nos corações dos homens em geral. [...] Todos os males da contenda pública e privada serão eliminados: a felicidade doméstica, relativa e social deve ser extraordinariamente aumentada.[159]

---

[157] HOEKEMA, Antony A. **A Bíblia e o Futuro**. São Paulo: Cultura Cristã, 2012. p. 12.

[158] HODGE, Charles. **Teologia Sistemática**. São Paulo: Hagnos, 2001.

[159] JENKS, William. **The Comprehensive Commentary on the Holy Bible:** Containing the Text According to the Authorised Version: Scott's Marginal References. Brattleboro VT Boston: Fessenden & Co.; Shattuck and Company. 1835. p. 724-725.

De acordo com professor do Seminário de Princeton, Archibald Alexander (1772-1851), o Reino de Deus foi definido como:

> O domínio universal de Deus sobre todas as coisas é chamado de seu reino; assim ele preserva, protege, dá leis e regula todas as suas criaturas, e pode dispensar favores ou julgamentos como bem entender, 1 Crôn. 29:11. Sal.145: 12. A igreja visível, especialmente sob o Novo Testamento, é chamada de reino; Cristo e seu Pai governam nela e mantêm ordem, segurança e felicidade nela. É chamado o reino dos céus; é de origem celestial, tem um governador e leis celestiais; e é erguido para tornar multidões aptas para o céu, Matt. 3: 2; 5: 9, 20; 13:47. 16:18. Col. 1:13.[160]

Nessa perspectiva, o *Reino de Deus* é invisível e já acontece no presente, não aguardando o "porvir". Ele tem relação direta com e felicidade dos seus súditos. Para Charles Hodge, outro professor do Seminário, o *Reino de Deus* foi iniciado de modo preparatório desde a "queda" de Adão e seria composto por todos os homens que "reconhecem, adoram, amam e obedecem a Jeová como único Deus vivo e verdadeiro"[161]. Temos aqui dois conceitos que expressam a continuidade do Velho Testamento em relação ao Novo Testamento: *Povo de Deus* e *Reino de Deus*. Eles são chaves na compreensão da hermenêutica presbiteriana aliancista, ou teologia do Pacto, também chamada de federalismo, que baseia a sua perspectiva a respeito do *Reino de Deus* e suas respectivas implicações políticas em oposição às concepções dispensacionalistas.

Para Charles Hodge e os primeiros presbiterianos no Brasil — a partir do que foi difundido no periódico *Imprensa Evangélica* —, a metáfora do *Reino de Deus* condensava noções de passado, presente e futuro, sendo, portanto, elementar na compreensão da experiência e expectativa religiosa no Império de Brasil. As expressões *Reino de Deus*, *Reino de Jesus Cristo* e *Reino dos Céus*, de acordo com Hodge, são intercambiáveis. Chamado de *Reino de Jesus Cristo por Cristo* ser o seu administrador e governante máximo, estabelece, pois, o que havia sido apenas prenunciado no Antigo Testamento. E chamado de *Reino dos Céus*, por ser espiritual e celestial, porque será habitado e consumado nos céus.[162]

---

[160] ALEXANDER, Archibald, and American Sunday-School Union. **A Pocket Dictionary of the Holy Bible:** Containing a Historical and Geographical Account of the Persons and Places Mentioned in the Old and New Testaments. American Sunday School Union: Philadelphia, 1829.

[161] HODGE, Charles. **Teologia Sistemática**. São Paulo: Hagnos, 2001. cap. 11, p. 929.

[162] HODGE, Charles. **Teologia Sistemática**. São Paulo: Hagnos, 2001. cap. 11, p. 931.

Este Reino seria exercido por Cristo em esferas diferentes: Reino de Poder e Reino da Graça. Em seu Reino de Poder, no domínio de Cristo sobre todo o Universo, cuja autoridade seria "exercida em um controle providencial e para o benefício da igreja. [...] Controla e reprime os principados, potestades, governadores deste mundo, bem como espíritos de maldade. Predomina sobre todos os assuntos das nações e dos indivíduos para o mesmo fim"[163]. No Reino da Graça, é também exibido em dois aspectos: o invisível e o visível. O invisível consiste no domínio de Cristo sobre todo o seu povo individual e coletivo, por todos que decidiram pela fé, ao longo de toda a história da Igreja, seguir as suas leis, mantendo a humildade de espírito, a mansidão, a misericórdia, e fugindo da avareza, soberba e dos fortes desejos, alcançando a salvação gratuitamente.[164] O visível consiste numa manifestação externa dos seus aspectos espirituais e invisíveis do Reino, ou seja, seria a igreja visível. Tal manifestação deve seguir diretrizes espirituais, não buscando um domínio sobre assuntos civis, políticos ou seculares. O Reino é considerado católico, ou universal, por abarcar todos os que professam aquilo que chamavam de verdadeira religião, a qual não se limita a uma instituição religiosa. E é temporal, pois deve ser finalizado com a segunda vinda de Cristo.[165]

O *Breve Catecismo de Westminster* também afirma a função de rei de Cristo ao sujeitar todos os cristãos a si mesmo, protegendo e governando sobre todos de modo a conter e subjugar todos os seus inimigos.[166] Nas *Institutas da Religião Cristã,* João Calvino demonstrou três funções essenciais de Cristo: ofício profético, ofício real e ofício sacerdotal.[167] A eternidade do seu Reino se aplicaria tanto a todo o corpo da Igreja como a cada um de seus membros.

Para João Calvino (2009), por se tratar de um reino espiritual, os que participam do Reino na condição de filhos do rei não seriam mais favorecidos com bênçãos terrenas, antes, estão sujeitos a todos os tipos de moléstias, assim como aconteceu com Jesus Cristo. As bênçãos, antes de tudo, seriam espirituais. Os cristãos, portanto, ao receberem o Espírito

---

[163] HODGE, Charles. **Teologia Sistemática**. São Paulo: Hagnos, 2001. cap. 11, p. 932.

[164] HODGE, Charles. **Teologia Sistemática**. São Paulo: Hagnos, 2001. cap. 11, p. 934.

[165] HODGE, Charles. **Teologia Sistemática**. São Paulo: Hagnos, 2001. cap. 11, p. 934-937.

[166] ASSEMBLEIA DE WESTMINSTER. **O Breve Catecismo De Westminster**. São Paulo: Editora Cultura Cristã, 2021. p. 35.

[167] CALVINO, João. **As Institutas da Religião Cristã**. São Paulo: Ed. Unesp, 2009. cap. 15, p. 248-256.

Santo, carregariam consigo tudo que precisam para vencer as adversidades da vida e para guardar na alma a esperança de vida eterna consumada no "estado eterno onde não haverá mais morte, fome ou dor"[168].

Calvino defendeu que as promessas de Deus ao povo hebreu no Velho Testamento foram realizadas na pessoa de Cristo.

> Deve atribuir-se o que se diz no Salmo [89.35-37]: "Uma vez a Davi jurei por minha santidade, não mentirei; sua semente permanecerá para sempre; seu trono será como o sol à minha vista, como a lua será firmado para sempre, e fiel testemunha será no céu." Pois não há dúvida de que aí Deus está prometendo que, pela mão de seu Filho, haverá de ser o eterno mentor e protetor da Igreja. Ora, não em outra parte, senão que em Cristo, se achará a verdade deste vaticínio, pois, imediatamente após a morte de Salomão, a dignidade do reino foi, em sua maior porção, posta por terra, e com a ignomínia da família davídica foi transferida a um homem estranho. Mais tarde foi ela pouco a pouco diminuída, até que, por fim, decaísse de todo em uma triste e vergonhosa ruína. O mesmo sentido tem essa exclamação de Isaías: "Sua geração, quem a narrará!" [Is 53.8]. Pois está a proclamar que Cristo assim haverá de sobreviver à morte que o liga com seus membros.[169]

Ou seja, nesta perspectiva a Igreja seria uma continuação do povo de Israel, que no Velho Testamento recebera promessas de um Reino eterno não concretizadas no mundo terreno, mas concretizadas no mundo espiritual mediante a pessoa de Cristo, que se tornou não apenas rei de uma nação, como se limitasse os benefícios dos seus feitos ao povo judeu, mas de pessoas que procedem de todos os povos. Para Calvino, a inauguração deste Reino na pessoa de Cristo implicaria a ausência da necessidade de Deus manter a promessa da restauração do Reino de Davi e da sua manutenção por toda a eternidade. Tal aspecto da teologia de João Calvino constituiu um elemento comum entre as perspectivas da teologia da Aliança, ou federalismo, que, mesmo mantendo variações por defenderem diferentes aplicações para o princípio teológico de que a Igreja seria a nova Israel, enfatizava mais os elementos de continuidade entre os testamentos, sobretudo no que se trata dos conceitos de *Povo de Deus* e de *Reino de Deus*.

---

[168] CALVINO, João. **As Institutas da Religião Cristã**. São Paulo: Ed. Unesp, 2009. cap. 15, p. 252.

[169] CALVINO, João. **As Institutas da Religião Cristã**. São Paulo: Ed. Unesp, 2009. cap. 15. p. 249.

Se a Igreja era considerada a nova Israel, os princípios que baseiam leis civis[170] instituídas aos hebreus por Moisés, prescritas no Pentateuco, deveriam continuar sendo válidos para os que habitavam em Genebra no tempo de Calvino, ou na Escócia, na ocasião da formação da Igreja Presbiteriana e, pouco depois, na elaboração da *Confissão de Fé de Westminster*[171]. O mesmo aconteceria aos protestantes que mudaram para a América e aos presbiterianos que fizeram missão no Império do Brasil? Apesar de alguns grupos reformados afirmarem que sim, vemos na história da Igreja Presbiteriana, sobretudo nos Estados Unidos e no Brasil, uma alternativa à teonomia.[172]

A negação do teonomismo, por sua vez, não implica necessariamente no dispensacionalismo. A própria teologia da Aliança apresentou inúmeras variações quanto às concepções escatológicas. Mais especificamente, quanto aos conceitos de *Povo de Deus* e *Reino de Deus*, mesmo enfatizando os elementos de continuidade do Antigo Testamento em relação ao Novo Testamento, encararam a aplicação dos princípios da lei civil mosaica ao mundo contemporâneo de então de modo distinto dos teonomistas.

Rodney Petersen, professor de Desenvolvimento Humano e Relações Internacionais na Webster University, em Genebra, fez uma síntese diacrônica das relações propostas entre o Antigo e o Novo Testamento ao longo da história do cristianismo, considerando tanto as abordagens hermenêuticas que enfatizaram os elementos de continuidade do Antigo em relação ao Novo, como as abordagens que enfatizaram os elementos de descontinuidade.[173] Havia uma abordagem comum entre João Calvino, Ulrico Zuínglio e Henrique Bullinger que os diferenciavam dos luteranos.

---

[170] A Confissão de Fé de Westminster prevê aplicações diferentes para as leis contidas no pentateuco, que são divididas em: cerimoniais, civis e morais. As leis cerimoniais teriam sido ab-rogadas com o sacrifício de Cristo, enquanto as leis civis foram encerradas, não ab-rogadas, com o fim da nacionalidade do povo de Israel, sendo exigido dos cristãos apenas o que a equidade dessas leis ensina, não as leis propriamente ditas.

[171] The Humble Advice of the Assembly of Divines Now by Authority of Parliament Sitting at Westminster Concerning a Confession of Faith: Presented by Them Lately to Both Houses of Parliament. a Certain Number of Copies Are Ordered to Be Printed Only for the Use of the Members of Both Houses and of the Assembly of Divines to the End That They May Advise Thereupon. London: Printed for the Company of Stationers, 1647.

[172] O teonomismo consiste na ideia de que "a igreja e o Estado permanecem essencialmente na mesma relação mútua como nas dimensões cerimonial e civil da vida de Israel sob Moisés". FEINBERG, John S. **Continuidade e descontinuidade**: perspectivas sobre o relacionamento entre o antigo e o novo testamento: Ensaios em homenagem ao S. Lins e Johnson Jr. São Paulo: Hagnos, 2013. p. 441.

[173] PETERSEN, Rodney. Continuidade e descontinuidade: o debate ao longo da história da igreja. *In*: FEINBERG, John S. **Continuidade e descontinuidade**: perspectivas sobre o relacionamento entre o antigo e o novo testamento: Ensaios em homenagem ao S. Lins e Johnson Jr. São Paulo: Hagnos, 2013. p. 13-34.

Eles enfatizavam a superfície ou sentido histórico dos textos proféticos do Antigo Testamento, em contraposição ao alegorismo mais comum entre os luteranos.

Também é importante lembrarmos o que a *Confissão de Fé de Westminster* afirma sobre a continuidade das leis do Antigo Testamento nos tempos iniciados com a chegada de Cristo.

> IV. A eles **(hebreus)** também, considerado como um corpo político, Ele **(Deus)** deu leis civis que terminaram com aquela nacionalidade, e que agora não obrigam além do que exige *a sua equidade geral* (Ex cap. 21; Ex 22:1-29; Gn 49:10 com 1P e 2: 13,14; Mt 5:17 com versos 38, 39; 1Co 9:8-10).[174]

Apesar dessa parte da *Confissão de Fé de Westminster* não ter sido alterada na sua versão estadunidense, a aplicação nas distintas fases do presbiterianismo se deu de formas diferentes. No caso europeu, a expressão "leis civis que terminaram com aquela nacionalidade" difere da expressão "ab-rogadas". O fato de ter "terminado" com a nação israelense não parece indicar que as suas leis civis, ou seus princípios, devessem ter o uso abolido por todos os povos para sempre, inclusive pela Igreja. Também não é afirmado na confissão que o Novo Testamento tornaria estas leis desnecessárias. Contudo, ao se referir às leis cerimoniais, a Confissão anuncia a sua "ab-rogação" sob o Novo Testamento. Ou seja, o Novo Testamento revogaria completamente o Velho que apenas prenunciava a obra de Cristo. Mesmo não tomando a Confissão como um reflexo da experiência da Igreja e da sociedade inglesa de meados do século 17, consideramos a sua relação com as discussões públicas que, neste caso, buscava no Velho Testamento um modelo, isto é, um exemplo a ser seguido pelo "novo Israel". Assim, a "equidade geral da lei", no caso da lei de Moisés, foi tratada pelos ingleses do século 17 como um exemplo a ser seguido, não apenas pela Igreja, mas por toda a sociedade.

2.2 O uso de textos escatológicos no *Imprensa Evangélica*

Os usos de conceitos escatológicos no *Imprensa Evangélica* aparecem muitas vezes associados ao livro de *Apocalipse*. Ao mapear o uso do livro de *Apocalipse* e de termos relacionados à segunda vinda de Cristo

---

[174] ASSEMBLEIA DE WESTMINSTER. **Confissão de Fé de Westminster**. Tradução de Filipe Luiz C. Machado e Joelson Galvão Pinheiro. São Paulo: Congregação Puritana Livre, 2013. p. 42, grifo nosso.

no *Imprensa Evangélica*, verificamos que, além aplicações da escatologia individual, coletiva, presente (inaugurada/realizada) e futura, aparecem muitas aplicações das doutrinas da salvação (soteriologia) e da Igreja (eclesiologia). Tais temas, contudo, não aparecem de modo separado. Cada um tangencia o outro, uma vez que o uso e a aplicação de textos bíblicos nem sempre são dispostos de maneira sistemática, tal como acontece no campo da teologia sistemática. Como podemos ver no seguinte uso do texto de *Apocalipse*.

> Desde a sua ascensão ao céu Ele vive e reina no trono de Deus, revestido de tanta glória e de tanto resplendor que S. João, vendo em visão, caiu ante seus pés como morto. Apocalipse 1: 13-17.

> Meditando na sua vida e paixão, e crendo na sua intervenção à tua mão direita, sejamos transformados na mesma imagem pelo Espirito-Santo, e preparados para ir gozar no céu da visão beatífica que só poderá fazer a nossa perfeita felicidade.[175]

Nesse caso, o versículo de *Apocalipse* foi utilizado para fundamentar uma doutrina sobre a pessoa de Cristo, sua divindade e sua função enquanto rei. A ideia era demonstrar que, antes de configurar idolatria, a contemplação da pessoa de Cristo enquanto um rei soberano ressurreto outorgaria aos humanos uma adoração contrita e imediata. Se considerarmos a sistemática, temos uma discussão sobre cristologia (pessoa de Cristo) e, ao refletir sobre a Trindade, sobre teologia própria (a pessoa de Deus). O uso de tal texto insere-se dentro de um comentário sobre o segundo mandamento da lei mosaica, o qual afirmava que não deveriam ser feitos ídolo nem imagens (Êxodo 20:4). A adoração à Cristo, portanto, enquanto não fosse realizada na consumação dos eventos finais, visualizados por São João de modo sobrenatural, deveria ser realizada "em espírito", não mediante o uso de imagens que supostamente o representavam enquanto servo ou rei glorificado, mas que, verdadeiramente, "tem muito mais probabilidade de sair com as feições do Pintor"[176]. Ou seja, esse texto bíblico costumeiramente associado à doutrina das últimas coisas aqui é aplicado de modo a refutar uma doutrina do catolicismo romano que incentiva as representações da pessoa de Cristo. Tal uso sinaliza a postura anticatólica dos presbiterianos que vieram para o Brasil fazer missão no

---

[175] *Imprensa Evangélica*. Rio de Janeiro: Typographia Perseverança, v. 1, n. 15, 3 de junho de 1865. p. 1.

[176] *Imprensa Evangélica*. Rio de Janeiro: Typographia Perseverança, v. 1, n. 15, 3 de junho de 1865. p. 5.

século 19. Além disso, a aplicação final do texto é elaborada no intuito de convencer os leitores de que a salvação é oferecida somente aos que confiam exclusivamente na pessoa de Cristo, homens que experimentarão, no "estado eterno", a verdadeira felicidade.

Consideramos, portanto, que a compreensão dos usos de livros bíblicos e conceitos normalmente associados à doutrina das últimas coisas, apresentam implicações sobre outras áreas do pensamento teológico e das experiências cristãs com as relações dos seus respectivos sujeitos, envoltos em questões sociais e políticas.

Tentamos fazer uma divisão básica dos usos do livro de *Apocalipse* e de textos referentes a segunda vinda de Cristo, de modo a classificar os que tratam dos indivíduos no presente e no futuro, e da humanidade/Igreja no presente o no futuro. Mesmo ajudando na organização da documentação, tal classificação apresentou alguns limites. Vejamos, por exemplo, o caso do *Breve Catecismo para Meninos*, que indaga até quando permanecerão dentro da igreja os homens que não eram verdadeiramente regenerados em Cristo. Como resposta, o catecismo afirma "até a segunda vinda de Christo"[177]. Temos um tema relacionado à eclesiologia (o presente da Igreja), que é estruturada a partir de uma expectativa futura (a segunda vinda de Cristo). Ambos os tempos encontram aplicações na vida do indivíduo, tendo sido ele "regenerado" ou não, e na vida da Igreja e da humanidade (aspectos coletivos). Neste ponto, o discurso institucional expresso pelo catecismo demonstra aspectos da visão acerca da relação entre os cristãos na igreja visível no tempo presente, os quais vivem debaixo das autoridades civis, e da relação que será estabelecida no futuro.

Para Medeiros, durante a gestão de Alexander Latimer Blackford, o periódico *Imprensa Evangélica* seria marcado pela principal ideia que fundamentou o pensamento do editor chefe, sendo esta o pré-milenarismo[178]. Sem recorrer aos documentos próprios do missionário Blackford, Medeiros associou o pensamento deste ao discurso teológico do *Imprensa Evangélica* no período da sua gestão, tempo em que os artigos não eram assinados.

---

[177] *Imprensa Evangélica*. Rio de Janeiro: Typographia Perseverança, v. 1, n. 15, 3 de junho de 1865. p. 7.
É importante destacar que, apesar do número ter sido publicado em 1865, por um erro de digitação está escrito na primeira página o ano de 1864.

[178] DE MEDEIROS, Pedro Henrique Cavalcante. **Pelo progresso da sociedade**: a imprensa protestante no Rio de Janeiro Imperial (1864-1873). Dissertação (Mestrado em História) – Universidade Federal Rural do Rio de Janeiro: Seropédica, 2014. p. 56.

Ao analisar os artigos da série *O Catecismo da Nossa Redenção* [179], Medeiros afirmou que a doutrina dispensacionalista foi difundida pelo *Imprensa Evangélica* na gestão de Blackford. Ele, porém, não demonstrou de que maneira esse catecismo expressa uma posição dispensacionalista, exceto pelo fato de ele mencionar que Deus havia planejado a salvação da humanidade. Este aspecto é comum ao cristianismo, sobretudo às vertentes protestantes, e não uma característica do dispensacionalismo. Entretanto, ao apresentar o dispensacionalismo, Medeiros tomou como exemplo apenas o caso do "dispensacionalismo clássico" expresso na primeira versão da Bíblia de Estudo Scofield, que popularizou a teoria de John N. Darby. Portanto, Medeiros não considerou a diversidade de correntes dispensacionalistas, como os revisados e progressivos, e suas implicações históricas, o que tornaria mais difícil até mesmo a tarefa de definir essa corrente teológica. Segundo a sua definição, o dispensacionalismo consiste em:

> Uma filosofia cristã da história. Tal doutrina sustenta que a relação de Deus com o homem está dividida em sete dispensações, todas elas referidas na Bíblia. A primeira seria a do homem em estado de inocência, compreendida entre a criação e a expulsão de Adão e Eva do jardim do Éden. A segunda, chamada de consciência, compreende a expulsão do jardim do Éden até o dilúvio. A terceira dispensação é a do domínio do homem sobre o mundo que vai do dilúvio até a torre de Babel. A quarta dispensação é a do homem sob a promessa de Deus, compreende o período entre a Torre de Babel e a escravização do povo israelita pelos egípcios. Em seguida, houve a dispensação do homem sob o governo da lei, compreendida entre Moisés e a crucificação de Jesus. A penúltima dispensação é a que vivemos atualmente, indo da ressurreição de Jesus até o seu retorno para estabelecer o milênio; é a dispensação da graça. A última dispensação é o milênio, quando a humanidade estará sob o governo pessoal de Jesus Cristo.[180]

Entre os sistemas de interpretação dispensacionalistas, contudo, não temos o uso do termo "dispensação" como um distintivo, uma vez que este termo também é amplamente usado pelos teólogos da Aliança.

---

[179] DE MEDEIROS, Pedro Henrique Cavalcante. **Pelo progresso da sociedade**: a imprensa protestante no Rio de Janeiro Imperial (1864-1873). Dissertação (Mestrado em História) – Universidade Federal Rural do Rio de Janeiro, 2014. p. 56, 4.

[180] DE MEDEIROS, Pedro Henrique Cavalcante. **Pelo progresso da sociedade**: a imprensa protestante no Rio de Janeiro Imperial (1864-1873). Dissertação (Mestrado em História) – Universidade Federal Rural do Rio de Janeiro: Seropédica, 2014. p. 56-57.

Diferentemente do que afirmou Medeiros, o teólogo Feinberg demosntrou não haver consenso entre os dispensacionalistas quanto à divisão da história em sete dispensações.[181] Identificar os presbiterianos no Império do Brasil como dispensacionalistas ajudaria Medeiros a defender a ideia de que eles eram "pré-milenaristas", como também defendeu Antônio Gouvêa Mendonça, à proporção que a adesão de tal sistema os colocaria na expectativa do retorno iminente de Cristo e da instauração do seu Reino Milenar. Contudo, tais crenças não aparecem claramente no *Imprensa Evangélica,* inclusive na gestão de Blackford.

Medeiros também inferiu que a aplicação das profecias apocalípticas aos acontecimentos históricos dos contemporâneos de então implicaria numa interpretação literal do texto de *Apocalipse 20* e a aceitação do reinado presencial e milenar de Cristo sobre a terra (pré-milenarismo).

> Em 18 de julho de 1868, o editorial, baseado nos livros do profeta Daniel 7:7-8, 11, 19-20, 24-25, no qual há o relato da visão do profeta Daniel de que surgiria em algum tempo não identificado da história humana, quatro animais terríveis, sendo o quarto, o pior de todos, com dentes de ferro e dez chifres representando dez reis; em determinado momento, um pequeno chifre surgia e derrubava outros três; este pequeno chifre tinha olhos e boca com a qual proferia blasfêmias contra Deus. Em conjunto com o texto da segunda epístola de Paulo aos Tessalonicenses 2:1-4, 7-8, que fala a respeito do surgimento do "homem do pecado, o filho da perdição" que se oporá a Deus e desejará ser adorado. Afirmava que, segundo a "opinião de todos os comentaristas judiciosos", mas também de acordo com as ideias milenaristas e dispensacionalistas do conservadorismo presbiteriano, tais textos faziam referência à "origem e o progresso do papismo". [182]

Na sistemática de Hodge foi afirmado que a segunda vinda de Cristo seria precedida pelo aparecimento do anticristo, mas que a definição de quem ou do que seja o anticristo não é um consenso para os cristãos. Entre as correntes protestantes, porém, é comum a interpretação de que "as profecias concernentes ao Anticristo fazem referência ao papado".[183] A inferência de

---

[181] FEINBERG, John S. **Continuidade e descontinuidade**: perspectivas sobre o relacionamento entre o antigo e o novo testamento: Ensaios em homenagem ao S. Lins e Johnson Jr. São Paulo: Hagnos, 2013. p. 7, 9.

[182] DE MEDEIROS, Pedro Henrique Cavalcante. **Pelo progresso da sociedade**: a imprensa protestante no Rio de Janeiro Imperial (1864-1873). Dissertação (Mestrado em História) – Universidade Federal Rural do Rio de Janeiro, 2014. p. 59-60.

[183] HODGE, Charles. **Teologia Sistemática.** São Paulo: Hagnos, 2001. p. 1618.

Medeiros, porém, não pode ser verificada ao longo da história do cristianismo, que sempre lidou de distintas maneiras com a tensão entre o real e o figurado, o literal e o alegórico na interpretação e aplicação das profecias, sendo difícil encontrar princípios gerais que normatizam tais relações. Por exemplo, ao investigar os princípios escatológicos dos principais teólogos da Inglaterra do século 16, Delumeau demonstrou que a maioria já "identificava o Anticristo com o papado, e Roma com a Babilônia do Apocalipse. Todavia, John Naiper e Arthur Dent não eram pré-milenaristas".[184]

Se retornarmos à análise do *Catecismo da Nossa Redenção*, divulgado pelo *Imprensa Evangélica*, veremos que a Igreja não foi considerada como uma instituição, ou grupo de pessoas, criada apenas depois da morte e ressurreição de Cristo, mas fundada na organização de um povo que desde a antiguidade acreditava na promessa do messias. Ou seja, a Igreja não foi vista pelos presbiterianos como um marco de descontinuidade do Novo Testamento em relação ao Antigo Testamento.[185]

No artigo "A Igreja em estado de transição de família para nação", também retirado da série *Catecismo da Nossa Redenção*, verificamos que a Igreja é vista como um elemento de continuidade do Antigo Testamento em relação ao Novo Testamento. O artigo propôs-se a demonstrar como a Igreja migrou de um núcleo familiar liderado por Abraão, para um núcleo nacional, quando o povo hebreu se organizou como nação "civilizada" após o Êxodo e a escrita do Pentateuco (os cinco primeiros livros da bíblia cristã). Cabe-nos, portanto, investigar as implicações históricas de tal continuidade, se a Igreja é o "novo Israel", e como ela deveria atuar numa sociedade cuja constituição reconhecia a Igreja Católica como oficial. Como aplicar a lei, ou os princípios da lei, dada ao "povo de Deus" na antiguidade, aos protestantes brasileiros do século 19?

Ao adentrar no campo da escatologia investigando o conceito de *Reino de Deus*, Mendonça elaborou uma trajetória da mentalidade do povo brasileiro de modo a identificá-lo como receptível aos ensinamentos do pré-milenarismo. Nessa trajetória histórica, alguns acontecimentos significativos foram notados: o sebastianismo, o movimento de Pedra Bonita, o Reino Encantado, Canudos, a Cidade Santa (Juazeiro do Norte), e Contestado.[186]

---

[184] DELUMEAU, Jean. **Mil anos de Felicidade**: uma história do paraíso. São Paulo: Companhia das Letras, 1997. p. 218.

[185] *Imprensa Evangélica*. Rio de Janeiro: Typographia Perseverança, v. 3, n. 21, 2 de novembro de 1867. p. 4.

[186] MENDONÇA, Antônio Gouvêa. **O Celeste porvir**: a inserção do protestantismo no Brasil. São Paulo: Editora da Universidade de São Paulo, 2008. p. 349-351.

As conexões históricas frouxamente amarradas apresentadas pelo sociólogo foram acompanhadas do uso da categoria de mentalidade, sem considerar que a sua aplicação, neste caso, demandaria um rigor metodológico que escaparia ao trabalho pretendido inicialmente. Assim, Mendonça caminhou sobre a pressuposição de que o pré-milenarismo ganhou peso e força para marcar a mentalidade de um povo amplo e diversificado sem, contudo, apresentar indícios sólidos da sua abrangência, alcance e assimilação.

Outro ponto a ser observado no trabalho de Mendonça é o fato de ele recorrer aos hinos objetivando extrair conclusões teológicas precisas quanto ao posicionamento escatológico das Igrejas Protestantes no Brasil. No entanto, os hinos não expressam de maneira organizada e sistemática os detalhes a respeito da opção escatológica adotada, havendo uma relativa abertura para teólogos de concepções pós-milenarista, pré-milenarista e amilenarista cantarem a mesma música que representa o anseio dos fiéis pelo encontro final com Jesus e pelo estabelecimento do seu Reino em sua plenitude. Vejamos um exemplo de um hino considerado pré-milenarista:

> Cantemos no belo país,
>
> Melodias de Santo ardor
>
> Nessa terra celeste feliz
>
> Não há pranto, gemido nem dor.[187]

Desse hino não é possível extrair uma conclusão sobre o seu posicionamento quanto ao milênio, pois nada é afirmado sobre o que seria a terra celeste feliz. Seria o "Estado Eterno" ou "milênio"? Nem sobre quando não haverá mais pranto, gemido nem dor. Seria a morte física do indivíduo ou instauração dos novos céus e da nova terra estabelecidos por Deus? Ou seja, os cânticos podem explicitar fundamentos comuns da fé cristã, mas nem sempre, como na maior parte dos hinos escatológicos analisados por Mendonça, explicitam especificações teológicas.

Por fim, Mendonça identificou a posição escatológica protestante brasileira como pré-milenarista, tomando como fundamento o posicionamento teológico de Alfredo Borges (1921)[188], negligenciando, portanto,

---

[187] Salmos e Hinos, 1899, n. 468 *apud* MENDONÇA, Antônio Gouvêa. **O Celeste porvir**: a inserção do protestantismo no Brasil. São Paulo: Editora da Universidade de São Paulo, 2008. p. 355.

[188] Apesar de citar apenas a edição de 1971, Mendonça afirmou que a primeira edição foi publicada em 1921. Não encontramos a primeira edição nos catálogos especializados.

se considerarmos somente o caso presbiteriano, 62 anos de discussões teológicas e desprezando os diversos empreendimentos missionários e ideologias religiosas. Além disso, ao afirmar que o pós-milenarismo implicou na aceitação da teologia liberal, Mendonça desconsiderou os teólogos pós-milenaristas que fogem daquilo que ele mesmo definiu como liberalismo teológico, dentre os quais destacamos Jonatahn Edwards[189], Chales Hodgue e próprio missionário Simonton. Portanto, discordamos da ideia de que pré milenarismo fosse uma tendencia escatológica predominante no presbiterianismo no Império do Brasil.

2.3 O *Reino de Deus* e a felicidade a partir do *Imprensa Evangélica*

Mais que uma reflexão teológica, o conceito de *Reino de Deus* proposto pelos presbiterianos apresentou inovações semânticas aplicadas ao contexto das missões denominacionais estadunidenses em território brasileiro. Inovações, pois, elaboradas a partir de novas tensões históricas. Logo, o conceito de *Reino de Deus* se tratava de uma metáfora viva que fundamentava parte da fé protestante, seja em suas experiências nos espaços religiosos ou seculares, seja em suas expectativas quanto ao futuro da humanidade diante das mudanças estruturais da política e das guerras entre nações.

Em um artigo do *Imprensa Evangélica* publicado em 1864, a religião foi apresentada a partir da inquietação da humanidade com a presente realidade, isto é, como algo originário do seu sentimento de desejo não satisfeito e de sua angústia decorrentes dos conflitos entre os homens, da sua falta de capacidade de dominar a natureza a ponto de evitar os infortúnios que ela traz e do seu distanciamento de Deus. Sem o apelo da humanidade ao sobrenatural, para aquilo que os seus sentidos não tangenciam, o homem enquanto indivíduo seria incapaz de satisfazer os anseios da alma e de encontrar a felicidade que tanto procura. A religião, de acordo com a definição do artigo, é toda tentativa humana de buscar responder às questões últimas da vida partindo de categorias sobrenaturais, isto é, está além do que a razão consegue explicar a partir das lógicas

---

TEIXEIRA, Alfredo Borges. **Maranata**. São Paulo: Missão Messiânica Brasileira, 1971. p. 18-19 *apud* MENDONÇA, Antônio Gouvêa. **O Celeste porvir**: a inserção do protestantismo no Brasil. São Paulo: Editora da Universidade de São Paulo, 2008. p. 352.

[189] DELUMEAU, Jean. **Mil anos de Felicidade**: uma história do paraíso. São Paulo: Companhia das Letras, 1997. p. 276.

construídas por sua interação com a sociedade. Tornar-se-ia diferente da Filosofia, apesar de muitas vezes caminhar ao seu lado, pelo fato de esta não assumir pressupostos sobrenaturais em suas tentativas de conhecer a realidade e questionar sobre as questões últimas da vida, tais como: o que é realidade e como a conhecemos? O que é vida? O que é o homem? Há algum sentido que justifique a existência?

> Qualquer sistema que não reconheça a necessidade de buscarmos fora de nós as forças indispensáveis à nossa felicidade, não passa de um sistema filosófico. O Sobrenatural é a linha divisória entre a filosofia e a religião.[190]

Para além de todas as tentativas humanas de alcançar a Deus e a felicidade — de todas as religiões e de todos os sistemas filosóficos —, os presbiterianos afirmavam a exclusividade da religião cristã, representada pelas denominações protestantes, que seria fundada na iniciativa de Jesus Cristo em reconciliar consigo a humanidade. Este marco de exclusividade seria, então, o único responsável pela satisfação da alma humana. Não apenas de cada indivíduo que recebe a fé tida como verdadeira, mas, sim, a sociedade como um todo. Tal princípio apareceu no periódico *Imprensa Evangélica* com muita frequência, como podemos verificar nesta publicação de 1869: "E que a religião ensinada no Evangelho de Cristo é a única que pode assegurar a liberdade que garante a grandeza e felicidade social de um povo"[191].

Antes estudar no Seminário de Princeton, Simonton relatou que a leitura de *Swallow Barn*[192] despertou a sua inquietação quanto ao futuro. Ele contrastou o futuro, descrito como ilimitado e mais atrativo aos jovens, ao passado, descrito como sugestivo e mais atrativo aos homens velhos. Os seus amigos o consideravam um homem velho por tentar preservar as doutrinas da Old School. Ele considerava que não era toda mudança que representava um progresso ou que uma revolução apontasse para uma reforma. Por outro lado, ele não afirmou uma falta de esperança quanto mudanças que o homem era capaz de realizar.[193]

Nos sermões de Saurin, solicitados por Simonton enquanto estudante no Seminário Teológico de Princeton, foi afirmado que: "a felicidade

---

[190] *Imprensa Evangélica*. Rio de Janeiro: Typographia Universal, v. 1, n. 1, 5 de novembro de 1865. p. 1.

[191] *Imprensa Evangélica*. Rio de Janeiro: Typographia Perseverança, v. 4, n. 22, 20 de novembro de 1869. p. 1.

[192] KENNEDY, John Pendleton. Swallow Barn, or, A Sojourn in the Old Dominion. Philadelphia: Carey & Lea, 1832.

[193] SIMONTON, Ashbel Green. **Transcript of the Journal of the Rev. Ashbel Green Simonton.** Feb. 21, 1855. p. 68.

eterna de uma nação depende frequentemente das medidas adotadas pelos governadores, do cuidado que empregam para coibir a licenciosidade, suprimir publicações escandalosas"[194].

Ao adentrar numa discussão política sobre o ensino religioso no Império do Brasil, o redator propôs que sem o conhecimento da Bíblia a nação brasileira seria incapaz de avançar no progresso e desenvolver a civilização. A liberdade de culto e o incentivo ao conhecimento bíblico seriam os meios que abririam o caminho para que os brasileiros se convertessem à fé protestante e inclinassem a moral da nação aos modelos das nações civilizadas, como os Estados Unidos e a Inglaterra.

> Tal desenvolvimento, tal propagação, são condições sem as quais não pode haver felicidade social nem prosperidade nacional em país algum. Sem estes, nenhum governo, por mais sábio e forte que seja, nem legislação alguma, por justa e benigna que seja, pode conseguir o bem-estar do povo. Pais de família! Esta é a responsabilidade a que não vos podeis subtrair. Dedicando-vos a este sagrado dever, com o Evangelho, a fonte de toda moral e religião, na mão, e, se quiserdes, com catecismos ou compêndios de doutrina tirados dele, hei de achar a vossa própria felicidade, hei de assegurar o bem-estar temporal e eterno de vossos filhos, e contribuir para a salvação e prosperidade de vossa pátria.[195]

Uma vez que o governo negligenciava a responsabilidade de ensinar ao seu povo os princípios do Evangelho, caberia, pois, aos pais de família esforçarem-se para que os valores morais necessários à felicidade do indivíduo e da nação fossem enraizados na mente das crianças por meio de devocionais, catecismos ou manuais doutrinários. Em artigo publicado no ano subsequente, intitulado "Instrução religiosa de filhos", o autor não identificado reforça a ideia da responsabilidade dos pais de ensinarem aos seus filhos a "buscarem primeiramente o Reino de Deus e a sua justiça".[196]

Ainda na primeira gestão do periódico *Imprensa Evangélica*, foi criada uma coluna intitulada "Instrução ao culto doméstico", em que se publicavam comentários bíblicos, estudos, catecismos e materiais que auxiliavam os chefes de família a organizarem cultos familiares e estudos bíblicos.

---

[194] SAURIN, Jacques. **Sermons.** Translated from the Original French of the Late Rev. James Saurin, Pastor of the French Church at the Hague. v. 6, 1807. p. 295. v. 6.

[195] *Imprensa Evangélica*. Rio de Janeiro: Typographia Perseverança, v. 2, n. 13, 7 de julho de 1866. p. 1,3.

[196] *Imprensa Evangélica*. Rio de Janeiro: Typographia Perseverança, v. 3, n. 13, 6 de julho de 1867. p. 8.

Além dessa coluna específica, foi iniciada uma das séries de estudos que comentava os 10 mandamentos. Chegando ao estudo do sétimo mandamento "não cobiçarás a mulher do próximo"[197], houve uma tentativa de reforçar a luta contra a prática do adultério, encarado como um mal que minava as bases do progresso de qualquer civilização. Houve a denúncia da falta de compromisso do governo, que não apresentava posturas mais rígidas para combater aquilo que os missionários estadunidenses encaravam como um elevado nível de promiscuidade.

Para os presbiterianos, estariam fora do Reino os que praticavam o adultério. As consequências, porém, não recairiam apenas sobre os indivíduos que o praticassem, mas sobre toda a sociedade que vivenciava tais atos. Nessa perspectiva, o princípio geral da lei mosaica deveria continuar valendo para o Império do Brasil, ou mesmo para qualquer nação que almejasse o progresso. Sob essa ótica, a fidelidade conjugal e o casamento monogâmico, portanto, não seriam princípios fundados primeiramente na religião, mas, sim, valores comuns à moral de todas as sociedades. Em consonância, o periódico sugeriu que o Império do Brasil considerasse o exemplo das nações civilizadas, inclusive da antiguidade e avaliasse a postura tomada pelos legisladores no intuito de saber se as punições previstas no mundo moderno são suficientes para barrar o avanço daquilo que consideravam um mal à sociedade brasileira. Os exemplos mencionam os seguintes casos: os judeus puniam com a morte ambas as partes; no Egito, o homem levava mil açoites e a mulher perdia o nariz; os gregos arrancavam os olhos; os romanos cortavam as orelhas e os narizes, amarrando os adúlteros em sacos e lançando-os ao mar.[198]

Como vimos, a interpretação de que a lei representaria um elemento de continuidade do Antigo Testamento em relação ao Novo Testamento é uma característica das teologias aliancistas. Contudo, os termos dessa continuidade variam dentro dessa vertente teológica. Para os teonomistas, caberia aos cristãos ocupar os cargos importantes do governo e do magistrado no intuito de aplicar os princípios da lei revelada por Deus aos hebreus. Entendemos, porém, que o artigo não apresenta uma perspectiva teonomista, já que a aplicação de alguns princípios da lei mosaica foi justificada não do ponto de vista da revelação especial, mas da lei moral, compreendida como comum à toda humanidade.

---

[197] *Imprensa Evangélica*. Rio de Janeiro: Typographia Perseverança, v. 2, n. 5, 3 de março de 1866. p. 2.

[198] *Imprensa Evangélica*. Rio de Janeiro: Typographia Perseverança, v. 2, n. 5, 3 de março de 1866. p. 2, 3.

Para os presbiterianos, portanto, estariam fora do *Reino de Deus* os todos os que eram considerados fornicadores, adúlteros, beberrões ladrões, homicidas, efeminados e todos os que praticam as obras contrárias ao "Espírito de Deus".[199] Baseando-se na teologia de Santo Agostinho interpretando São Paulo, em artigo publicado em 1869 sobre o pecado, "A carne e o sangue não podem possuir o Reino de Deus"[200]. O artigo subsequente, também sobre a temática do pecado, propõe uma lista dos que estão fora do Reino.[201]

Assim também estavam enquadrados os viciados que, além de manterem suas almas distantes do Reino, colocavam o seu povo sobre uma mazela ao arriscar o provimento da própria família. O vício, por minar a família, vista como a base das civilizações e o núcleo da expansão do *Reino de Deus* no Império do Brasil, seria tão nocivo quanto o adultério. Para o redator, o vício seria "todo hábito nocivo e danoso que possa acarretar males sobre o homem tanto em sua natureza physica como moral"[202], não podendo ser limitado ao que normalmente a sociedade entende por vício. Mesmo iniciando o artigo sugerindo que o vício tem um alcance muito maior do que se imagina, os vícios de jogos e bebidas alcóolicas são enfatizados.

Na tentativa de demonstrar os efeitos nocivos do álcool sobre os indivíduos, o artigo apresentou duas imagens de um mesmo homem. Primeiramente, a imagem da infância com cinco anos de idade e, posteriormente, na fase adulta, com 30 anos de idade. Para o redator, olhando apenas para a imagem da criança bonita e robusta, não seria possível imaginar que ela se tornaria um homem com semblante abatido, desfalecido e sem vigor.[203]

---

[199] Ver Também:
Imprensa Evangélica. Rio de Janeiro: Typographia Perseverança, v. 2, n. 15, 4 de agosto de 1866. p. 4.
Referências Bíblicas Utilizadas: Gl 5:19-21; 1Co 11:9; 1Co 6:9-11; 1Co 15:21.
[200] *Imprensa Evangélica*. Rio de Janeiro: Typographia Perseverança, v. 5, n. 22, 10 de novembro de 1869. p. 4.
Imprensa Evangélica. Rio de Janeiro: Typographia Perseverança, v. 8, n. 19, 5 de outubro de 1872. p. 4.
[201] *Imprensa Evangélica*. Rio de Janeiro: Typographia Perseverança, v. 5, n. 23, 4 de dezembro de 1869. p. 3.
Imprensa Evangélica. Rio de Janeiro: Typographia Perseverança, v. 14, n. 41, 10 de outubro de 1878. p. 3.
[202] *Imprensa Evangélica*. Rio de Janeiro: Typographia Perseverança, v. 6, n. 9, 7 de maio de 1870. p. 5.
[203] *Imprensa Evangélica*. Rio de Janeiro: Typographia Perseverança, v. 6, n. 9, 7 de maio de 1870. p. 5.

Figura 3 – Criança Saudável Segundo o Jornal *Imprensa Evangélica*

Fonte: *Imprensa Evangélica*. Rio de Janeiro: Typographia Perseverança, v. 6, n. 9, 1870. p. 5.

Figura 4 – Adulto viciado segundo o periódico *Imprensa Evangélica*

Fonte: *Imprensa Evangélica*. Rio de Janeiro: Typographia Perseverança, v. 6, n. 9, 1870. p. 5.

Em contraste à imagem do viciado, os presbiterianos sugerem que um dos elementos constitutivos da felicidade social da nação brasileira deveria estar alicerçado na força laboral. Em 1885, o pastor presbiteriano brasileiro Eduardo Carlos Pereira propôs no *Imprensa Evangélica* que a felicidade social estaria ligada ao barulho produzido pelos instrumentos de trabalho, às atividades que fariam o país prosperar, não à nacionalidade daqueles que trabalham na construção de tal prosperidade. O argumento foi afirmado no intuito de legitimar a entrada dos imigrantes europeus. Por outro lado, a nacionalidade, a formação civilizada e o "sangue" dos estrangeiros, seriam importantes na constituição de uma nação rica e desenvolvida.

> Temos terras vastas e férteis, temos riquíssimo tesouro de matérias primas, temos um povo inteligente e de boa índole; mas não temos braços suficientes, nem a indústria necessária para aproveitarmos esses poderosíssimos elementos de progresso. [...] no meio de tão exuberantes riquezas naturais, ali vegeta na pobreza, no desanimo e na indolência! Venha, pois, o imigrante trabalhador e industrioso ensinar-nos e ajudar-nos a tirar do vasto seio de nossas terras as riquezas inesgotáveis, que, pela nossa ignorância, incúria e pouca força, ali se esterilizam. Entendemos a mão hospitaleira e fraternal ao estrangeiro que aporta em nossas plagas. Nós precisamos dele material, moral e psicologicamente. Finalmente, será um sangue novo em nossas veias, onde corre um sangue tanto degenerado. Nos sábios desígnios da Providência as raças mais diversas devem considerar-se membros da família humana. São os vagidos do berço, ou é o ruído das machinhas e ferramentas que faz a nossa felicidade social?[204]

No intuito de aproximar a Bíblia das discussões da Ciência Moderna, o professor B. Silliman publicou no *Imprensa Evangélica* um artigo intitulado "A Bíblia e a Sciencia", no qual o conhecimento bíblico é tratado como um elemento condicionante à felicidade do povo. Não seria, portanto, apenas um livro de caráter religioso, mas uma literatura com princípios aplicados às questões políticas e científicas dos contemporâneos de então.

> A Bíblia é a carta magna da igualdade política e civil do homem, da liberdade e da ordem. É o guardião e o único poderoso protetor da felicidade social. As guerras nacio-

---

[204] *Imprensa Evangélica*. São Paulo: Typographia King, 1885. v. 21, n. 21. p. 1-2.

nais assim como as dissenções pessoas acabariam e este mundo tornar-se-ia um paraíso terreal se a razão humana estivesse completamente sob a sua influência. A relação que há entre a geologia, a astronomia e a Bíblia, sendo todas bem compreendidas, é da mais perfeita harmonia. A Bíblia em parte alguma limita a idade do nosso globo; e segundo a sua cronologia, a raça humana é de uma data recente, a geologia não só confirma a verdade da história do homem, mas também fornece evidencias decisivas em prol da narração do Gênesis, do progresso do arranjo terrestre e da introdução dos seres viventes, na ordem em que os seus restos fosseis se encontram nas camadas da terra. As Palavras e as obras de Deus não podem estar em conflito; pelo contrário, quanto mais forem estudadas, mais perfeitas apareceram em harmonia.[205]

Verificamos no periódico uma preocupação com um tipo de felicidade coletiva. Ela seria executada em última instância por Deus mediante a sua providência. Contudo, Ele usaria a humanidade por meio das autoridades governamentais e familiares para expandir o seu Reino. Excetuando-se o aspecto da autonomia humana, temos um elemento comum à busca pela felicidade proposto pelas utopias modernas: a busca pela felicidade coletiva.[206]

Em oposição a algumas utopias modernas, porém, os presbiterianos insistiam em afirmar a dependência de Deus para que a humanidade conseguisse alcançar o elevado nível de progresso moral, científico e intelectual que almejava. Desta forma, em 1877, encontramos um artigo que expõe uma crítica aberta e direta ao socialismo[207]. Apesar de ampla, não especificando a qual corrente do socialismo está sendo dirigida, a crítica está centrada no suposto uso do relato bíblico do livro de *Atos dos Apóstolos* por um grupo de socialistas.[208]

---

[205] *Imprensa Evangélica*. São Paulo: Typographia King, v. 22, n. 7, 1886. p. 5.

[206] Em um comentário sobre oração do Pai Nosso, atribuída a Jesus Cristo, o Imprensa Evangélica sugere que pedir o advento de Cristo não significa uma solicitação individual, mas um pedido que resulta da preocupação que o cristão deve ter para com todos os homens. Pedir o advento do Reino significa: "Que Deos nos faça a nós e a todos os homens justos, cheios da paz e felizes".
Ver: *Imprensa Evangélica*. Rio de Janeiro: Typographia Universal, v. 1, n. 1, 5 de novembro de 1864. p. 3.

[207] *Imprensa Evangélica*. Rio de Janeiro: Typographia Perseverança, v. 14, n. 43, 24 de outubro de 1878.

[208] O texto referido pode ser encontrado em Atos 4:32, que, segundo a tradução do periódico, afirma: "e da multidão dos que criam o coração era um, e a alma uma; nenhum dizia ser sua cousa alguma d'aquelas que possuía, mas tudo entre eles era comum. E não havia necessitado entre eles".
Imprensa Evangélica. Rio de Janeiro: Typographia Perseverança, v. 14, n. 43, 24 de outubro de 1878.

No entanto, o contraste do relato de Atos com a proposta dos socialistas foi apontado pelos presbiterianos em três motivos: os socialistas não seriam homens ou mulheres que abandonaram aquilo que consideravam vícios; nem teriam o costume de viver em harmonia; e o socialismo encontraria apoio entre os que não observam as leis civis ou divinas. No intuito de reforçar a defesa da propriedade privada, o autor do artigo defendeu que as terras doadas, conforme relatado no livro de Atos, foram entregues espontaneamente, não por imposição da religião ou do Estado. Além disso, argumentou que, apesar de ser uma experiência espontânea da Igreja de Jerusalém, o mesmo não aconteceu em Igrejas posteriores. Não seria, portanto, possível aplicar aquela experiência em larga escala, uma vez que grande parte dos homens não se sentiriam motivados a trabalharem com zelo, pois a igualdade não estimularia a qualidade do trabalho resultante da competição. Também, seria necessário presumir que os homens ricos distribuiriam sem relutância as suas propriedades e que os pobres estariam satisfeitos com as partes supostamente divididas de modo igualitário. No entanto, para evitar que a sociedade caísse em barbárie, seria necessário a manutenção do direito à propriedade privada, ao casamento, à autoridade dos pais sobre a família e à autoridade dos magistrados sobre a sociedade. Além disso, O artigo também afirmou que "O ingresso no *Reino de Deus* e a felicidade do homem dependem em subido grau dos princípios e hábitos incutidos na geração que caminha, crescendo sempre." [209] Ou seja, a abolição da propriedade privada não seria o evento responsável pela felicidade do indivíduo, muito menos da sociedade. Portanto, as soluções socialistas foram compreendidas no *Imprensa Evangélica* como contrárias ao progresso do *Reino de Deus*, o qual avançaria somente com a difusão daquilo que consideravam ensino correto das escrituras, assim como da transformação dos princípios e hábitos de uma geração.

De acordo com Grant R. Osborne, em seu comentário exegético sobre o livro de *Apocalipse,* o relato dos mil anos de felicidade descritos no capítulo 20 faz referência a outros textos conhecidos na antiguidade pelos hebreus. Trata-se das profecias de Zacarias, Isaías e de um salmo profético. E essa relação foi feita por muitos outros teólogos ao longo da história do Cristianismo.[210]

---

[209] *Imprensa Evangélica*. Rio de Janeiro: Typographia Perseverança, v. 14, n. 43, 24 de outubro de 1878.

[210] OSBORNE, Grant R. **Apocalipse:** comentário exegético. São Paulo: Vida Nova, 2014. p. 778.

Em 1889, o *Imprensa Evangélica* publicou um sermão de Simonton, o qual afirmava que as profecias de Isaias 9:6 – 7, de Daniel 2:44 e de Miqueias 4:7, as quais ensinariam que o messias havia de estabelecer um *reino eterno*. Ou seja, que Jesus Cristo havia inaugurado o *Reino de Deus*. [211]

Ao descrever a infância como uma fase de pureza, trazendo ao público a frase atribuída a Cristo "deixai vir a mim os pequeninos porque dos tais é o Reino de Deus" (Mateus 19:4), um artigo escrito no ano de 1887 sugeriu que Isaías, sete séculos antes de Cristo, já profetizava acerca das características do *reino do Messias* [212].

> E o profeta Isaias falando do reino do Messias, para mostrar a paz e a inocência que haverá entre os homens n'esse tempo, também diz: "morará o lobo com cordeiro e o leopardo com o cabrito se deitará: e o bezerro e o filho do leão, e o animal cevado andarão junto, e o menino pequeno os guiará". Isaias 11: 6.[213]

No *Reino* descrito, até as crianças frágeis e indefesas seriam capazes de guiar os animais que na presente realidade são temidos por homens grandes e armados.

O mesmo capítulo de Isaías também foi citado no artigo "Evidência da verdade da religião cristã"[214], usando, porém, os versos anteriores ao trecho do seis ao nove, ou seja, não discursa sobre o suposto Reino Milenar, mas sobre o juízo final, no qual o Messias julgaria o mundo com justiça e retidão de modo a favorecer os pobres. A profecia, contudo, foi apenas citada como mais um exemplo das inúmeras profecias do Antigo Testamento que se referiam ao Messias. O artigo propõe que as profecias do Velho Testamento foram realizadas plenamente na pessoa de Jesus, tais como: nascimento virginal de Cristo, na cidade de Belém, por descendentes paterno e materno de Davi; a fuga dos pais de Cristo para o Egito e o seu retorno à palestina para crescer na cidade de Nazaré; a morte dolorosa no madeiro sem a quebra de nenhum osso; a ressurreição ao terceiro dia. O cumprimento de todas essas profecias seria, portanto, um indicador da veracidade da fé cristã e da certeza de que a fé nas promessas futuras, inclusive na promessa dos mil anos de felicidade, quer sejam eles literais ou alegóricas.

---

[211] *Imprensa Evangélica*. Rio de Janeiro: Typographia Italia, v. 25, n. 47, 23 de novembro de 1889. p. 3-4.

[212] *Imprensa Evangélica*. Rio de Janeiro: Typographia Perseverança, v. 9, n. 19, 4 de outubro de 1873.

[213] *Imprensa Evangélica*. Rio de Janeiro: Typographia Perseverança, v. 6, n. 16, 6 de agosto de 1870. p. 2.
Imprensa Evangélica. Rio de Janeiro: Typographia Perseverança, v. 9, n. 9, 3 de maio de 1873. p. 5.
Imprensa Evangélica. Rio de Janeiro: Typographia Perseverança, v. 9, n. 19, 4 de outubro de 1873. p. 6.

[214] *Imprensa Evangélica*. Rio de Janeiro: Typographia Perseverança, v. 14, n. 39, 26 de setembro de 1878. p. 5.

Por fim, em 1886, o periódico publicou um estudo bíblico[215] baseado no capítulo 11 de Isaías. Mais uma vez, porém, não foi apresentada uma discussão sobre os versos 5-9 — que supostamente seria o milênio —, mas apenas uma sobre o Messias, ou seja, sobre os aspectos das profecias que determinam os seus ascendentes no intuito de afirmar que ele deveria ser um descendente de Jessé, pai de Davi.

As palavras atribuídas à Jesus são usadas com frequência para afirmar o caminho que o homem deve percorrer para participar do *Reino de Deus*. A conhecida conversa de Jesus com Nicodemos em que afirma que "Quem não nascer do Espírito Santo, não pode entrar no Reino de Deus"[216] é muito recorrente no periódico, sobretudo no intuito de enfatizar a importância da conversão à fé protestante. Os que aderiam a fé protestantes deveriam rejeitar os "desejos humanos", aquilo que consideravam pecado, e se apegar aos valores do Reino, que consiste sobretudo em se alegrar com a sua expansão. Nesse sentido, foi afirmado que "Os desejos do crente são outros. Ele deseja o progresso do Reino de Deus e a salvação dos seus semelhantes". "com a salvação dos seus semelhantes".[217]

Numa história criada com o intuito de estabelecer uma analogia, os redatores demonstram que o envolvimento no *Reino* englobava três frentes: o financiamento, a oração, e a entrega do próprio coração, ou seja, do centro das emoções e da razão do ser humano.

> Bela na verdade, era a lição que a classe tinha recitado acerca do reino do salvador. Eles aprenderam que esse reino era de grande alegria e profundo amor, que a paz habitava ali e que a paz e a boa vontade derramavam-se sobre ele. Era o reino sobre o qual o sol da justiça resplandecia, e em seu claro firmamento surpreendia a estrela de Belém. Então o mestre tomou o Livro, e a questão foi a seguinte:
>
> -O que fareis para adiantar este reino sobre a terra? O que fareis Thiago?
>
> -Eu darei os meus vinténs e os meus tostões aos missionários, e eles pregarão aos gentios, >>Respondeu Thiago, com grande veemência.

---

[215] *Imprensa Evangélica*. Rio de Janeiro: Typographia Perseverança, v. 15, n. 33, 25 de setembro de 1879. p. 2. *Imprensa Evangélica*. São Paulo: Typographia King. v. 22, n. 34, 21 de agosto de 1886. p. 5. O artigo também utilizou o texto de Isaías 11 no intuito de afirmar a integridade da justiça do messias.

[216] A passagem de bíblica de João 3:15 foi citada no periódico em: *Imprensa Evangélica*. Rio de Janeiro: Typographia Perseverança, v. 1, n. 1, 1865; v. 2, n. 9, 1866; v. 4, n. 19, 1868; v. 5, n. 18, 1869; v. 8, n. 2, 1872; v. 14, n. 27, n. 35, 1878; v. 15, n.6, n. 31, 1879.

[217] *Imprensa Evangélica*. Rio de Janeiro: Typographia Italia, v. 25, n. 48, 23 de novembro de 1889. p. 5.

> -E o que fareis Jorge?
>
> -Eu orarei pelo seu progresso
>
> - E o que fareis vós, João?
>
> Ele abaixou a cabeça, e com a voz lacrimosa disse brandamente:
>
> -Eu darei meu coração.
>
> Estas três respostas compreendem tudo que podemos fazer por Jesus.[218]

O *Reino de Deus* seria orientado por valores contrários aos encontrados nos reinos estabelecidos pelos homens. Usando textos bíblicos, os redatores do periódico propõem que ele "não consiste em comida, nem bebida: mas em justiça, paz e gozo no Espírito Santo"[219]. Também, não era baseado em palavras, ou seja, na capacidade de fala ou de persuasão dos homens, mas em virtude.[220] Ele seria pautado na pobreza de espírito[221], que contrastaria, paradoxalmente, à posição elevada de todos os seus súditos que, diante dos homens, podem nada possuir, mas diante de Deus, mediante adoção, receberiam honras maiores que um duque.[222]

O contraste foi enfatizado em outro artigo que mostra que os reinos humanos são fundados sobre o desejo de um homem, ou de um pequeno grupo de homens, de dominar sobre os demais, impondo, se preciso, medo e terror. O *Reino de Cristo*, pelo menos em sua fase inicial, seria diferente. O ingresso no reino, na perspectiva humana, seria voluntário, mesmo que, paradoxalmente, dependesse de um chamado irresistível da graça divina. Dessa maneira, enquanto "Os outros reinos têm-se fundado em horrendas carniceiras e, muitas vezes, do sangue vertido dos seus contrários, o Reino de Cristo, porém, fundou-se em sua própria morte, e o sangue, pelo qual crescia e fortalecia-se, era o de seus próprios filhos"[223]. Ou seja, além de uma referência direta ao sacrifício de Cristo, o fundador do Reino, o lugar dos mártires é lembrado pelos presbiterianos como um

---

[218] *Imprensa Evangélica*. Rio de Janeiro: Typographia Perseverança, v. 8, n. 5, 2 de março de 1872. p. 4.

[219] *Imprensa Evangélica*. Rio de Janeiro: Typographia Universal, v. 1, n. 1, 5 de novembro de 1864. p. 3.
Imprensa Evangélica. Rio de Janeiro: Typographia Perseverança, v. 8, n. 14, 20 de julho de 1872. p. 4.

[220] *Imprensa Evangélica*. Rio de Janeiro: Typographia Perseverança, v. 15, n. 32, 7 de agosto de 1879. p. 4.

[221] *Imprensa Evangélica*. Rio de Janeiro: Typographia Perseverança, v. 5, n. 13, 3 de julho de 1869. p. 2.

[222] *Imprensa Evangélica*. Rio de Janeiro: Typographia Perseverança, v. 9, n. 6, 15 de março de 1873. p. 2.

[223] *Imprensa Evangélica*. Rio de Janeiro: Typographia Perseverança, v. 1, n. 18, 15 de julho de 1865. p. 2.

elemento de expansão do Reino, um modelo a ser seguido, sem o qual, não seria possível, mesmo que numa perspectiva alegórica, verificar a sua continuidade dentre os contemporâneos de então.

É muito recorrente o uso do conceito de *Reino de Deus*, mesmo, como anunciado no caso de A. G. Simonton, não havendo uma preocupação constante por parte dos presbiterianos, sobretudo no periódico *Imprensa Evangélica*, em apresentá-lo de maneira organizada, sistemática ou explicativa. O termo é simplesmente apresentado como uma realidade dada no tempo presente, tanto em seu aspecto terreno como celestial. Antes de tudo, o reino deve ser anunciado e buscado por cada um dos que se propõe a aderir a fé protestante. A célebre frase atribuída a Jesus Cristo "Buscai primeiramente o Reino de Deus e a sua justiça" é onde o conceito aparece com mais frequência no periódico.[224]

A metáfora do Reino nas palavras atribuídas a Jesus Cristo também aparece com frequência no *Imprensa Evangélica* pelas citações das suas parábolas.

> O reino dos céus não é um tesouro em cuja posse só havemos de entrar num futuro, pois já nesta vida quando nos apossamos dele. O tesouro no campo não é só procurado, mas é achado já neste mundo. "Quem crer em mim", diz Jesus Cristo, "tem", não diz terá, "a vida eterna". [...] O reino dos céus e um dom gratuito da parte de Deus para com alguém que o acha. [...]. É assim chamado porque é escondido aos sábios e entendidos e revelado só aos pequeninos. (Mateus 9:25) [...] O reino dos céus é comparado a um tesouro escondido no campo, porque para nós está oculto em um envoltório, que é o mundo ou a sua palavra nas Santas Escrituras. [...] depois de termos conhecimento do Reino de Deus, só podemos obtê-lo permutando por ele, ou sacrificando por ele, tudo quanto possuímos.[225]

Longe de encontrarmos um calvinismo mitigado, como sugeriu Gouvêa Mendonça, os presbiterianos no Império do Brasil afirmaram a doutrina da salvação pela graça por meio da fé, assim como a doutrina da predestinação. O ingresso no Reino não depende do mérito humano,

---

[224] Identificamos alguns usos do conceito de *Reino de Deus* dentro da frase "buscai primeiro o Reino de Deus": *Imprensa Evangélica*. Rio de Janeiro: Typographia Perseverança, v. 2, n. 13, 1866. p. 6; v. 5, n. 19, 1869. p. 7; v. 6, n. 4, 1870. p. 3; v. 6, n. 25, 1870. p. 3; v. 10, n. 8, 1874. p. 7; v. 10, n. 10, 1874. p. 7; v. 10, n. 15, 1874. p. 7.

[225] *Imprensa Evangélica*. Rio de Janeiro: Typographia Perseverança, v. 5, n. 10, 15 de maio de 1869. p. 1,2 Ver citação de Mateus 23:44: "O reino dos céos é semelhante a um tesouro escondido no campo, que quando um homem o acha, o esconde, e pelo gosto que sente de o achar, vai e vende tudo o que tem e compra aquele campo".

da sua capacidade intelectual ou da sua capacidade de escolher a fé salvadora. O Reino estaria oculto aos seres humanos decaídos e só pode ser contemplado pelos que recebem o "dom gratuito de Deus". O paradoxo da doutrina calvinista, porém, reside no fato de este "dom gratuito" ser manifestado na vida daqueles que sacrificam tudo o que possuem em troca de Cristo, ou seja, no movimento que, aparentemente, o homem estaria fazendo em direção à Deus.

Mais uma vez os aspectos do tempo presente que envolvem o Reino são enfatizados. De um modo geral, os redatores do *Imprensa Evangélica* não encaram o Reino como uma promessa futura. Mas, sim, como algo que pode ser encontrado no tempo presente e cujos benefícios podem ser aproveitados nesta vida, não sendo concretizados apenas na vida após a morte.

Para que todos fossem evangelizados e o Reino expandido, seria preciso que os cristãos trabalhassem com zelo e esforço.[226] Sem a pregação e a submissão ao que consideravam leis do Evangelho, seria impossível estender o *Reino de Deus*. No intuito de demostrar o avanço do Reino no mundo inteiro, o periódico noticiou eventos mundiais que contribuíram para a evangelização. Como o caso da inauguração da sala evangélica na exposição universal de Paris, em cujo principal promotor da sala, o conde Shaftsbury, é mencionado como um homem cuja existência é consagrada à mais nobre de todas as causas, ou seja, a extensão do *Reino de Deus*[227]. Pelo trabalho livre, pelo reconhecimento da diversidade das habilidades dos agentes do Reino é que o *Reino de Deus* ganharia maiores proporções.[228]

> No Reino de Deus há trabalhos abundantes, e serviços apropriados a cada um de seus servos; no cumprimento dos quais a fé é confirmada, a santificação promovida, o caráter estabelecido e o nome de nosso Pai Celeste glorificado.[229]

Além de não serem alcançados pelo esforço humano, o crescimento e a expansão desse Reino fogem ao seu controle, assim como acontece com "um homem que lança a semente sobre a terra"[230]. A semente aqui é comparada à palavra de Deus que entra em contato com o solo — compa-

---

[226] *Imprensa Evangélica*. Rio de Janeiro: Typographia Perseverança, v. 6, n. 8, 16 de abril de 1870. p. 6.

[227] ·*Imprensa Evangélica*. Rio de Janeiro: Typographia Perseverança, v. 3, n. 15, 3 de agosto de 1867. p. 7.

[228] *Imprensa Evangélica*. Rio de Janeiro: Typographia Perseverança, v. 7, n. 11, 3 de junho 1871. p. 3.
Imprensa Evangélica. Rio de Janeiro: Typographia Perseverança, v. 13, n. 24, 1 de dezembro de 1877. p. 3.

[229] *Imprensa Evangélica*. Rio de Janeiro: Typographia Perseverança, v. 7, n. 3, 4 de fevereiro de 1871. p. 5.

[230] *Imprensa Evangélica*. Rio de Janeiro: Typographia Perseverança, v. 4, n. 18, 10 de setembro de 1868. p. 6, 7.
Imprensa Evangélica. Rio de Janeiro: Typographia Perseverança, v. 7, n. 18, 16 de setembro de 1871. p. 7.

rado aos corações humanos. E de modo incompreensível à razão humana ela foge completamente do seu controle, germina, cresce e frutifica. Deste modo, o Reino se espalha sobre a terra ganhando proporções inimagináveis pelos homens, como aconteceu no caso de Lorena e Roma, noticiados mais de uma vez pelo *Imprensa Evangélica*, no qual foi possível verificar o avanço do trabalho missionário protestante.[231]

No que envolve a responsabilidade humana no ingresso e na expansão do Reino, as palavras atribuídas a Jesus Cristo são lembradas na tentativa de chamar o homem para a responsabilidade de manter um domínio preciso sobre o corpo a fim de não cometer erros que demonstrem que a sua alma está fora do *Reino de Deus*. Portanto, melhor seria o homem perder o olho para entrar no *Reino* do que mantê-lo, permitindo que o pecado dele derivado o lançasse por inteiro no "fogo do inferno".[232]

A expansão do Reino, mesmo envolvendo mudanças nas demais estruturas da sociedade, não previa uma interferência direta da religião cristã nas autoridades instituídas. Portanto, não caberia aos propagadores do *Reino de Deus* lutarem contra os impérios humanos constituídos, como no caso do Brasil. O *Reino de Deus* tinha um caráter espiritual e deveria trabalhar para a transformação dos corações e das mentes dos seres humanos a fim de que a moral instituída fosse pautada nos preceitos protestantes. A pretensão da Igreja Católica em legitimar, instituir ou destituir autoridades seculares era tida como uma deturpação do caráter da Igreja tal como pensada por Jesus e seus apóstolos.[233]

Ao criticar a doutrina católica da infalibilidade papal e da interferência pontifícia sobre as questões seculares, os presbiterianos afirmaram que não apenas um homem, mas toda a Igreja havia recebido as chaves do *Reino de Deus*.[234] Ou seja, o papa não teria recebido de São Pedro, muito menos de Cristo, a autoridade para ligar na terra ou no céu ou para interferir nas questões que cabem aos governantes seculares. Deste modo, não somente as chaves do *Reino de Deus* estariam com a Igreja, ou seja, com um conjunto de indivíduos que ao longo da história aderiram àquilo que os presbiterianos consideram o essencial da fé cristã, mas a própria Igreja seria este Reino.

---

[231] *Imprensa Evangélica*. Rio de Janeiro: Typographia Perseverança, v. 4, n. 18, 10 de setembro de 1868. p. 6, 7. *Imprensa Evangélica*. Rio de Janeiro: Typographia Perseverança, v. 4, n. 23, 5 de dezembro de 1868. p. 6.

[232] *Imprensa Evangélica*. Rio de Janeiro: Typographia Perseverança, v. 4, n. 5, 7 de março de 1868. p. 3.

[233] *Imprensa Evangélica*. Rio de Janeiro: Typographia Perseverança, v. 14, n. 30, 25 de julho de 1878. p. 3.

[234] *Imprensa Evangélica*. Rio de Janeiro: Typographia Perseverança, v. 6, n. 23, 19 de novembro de 1870. p. 2.

> Finalmente: A igreja é o Reino de Deus no Mundo. [...] A história da igreja como um interessante ramo de ciência geral, não deve ser ignorada; porém, quando é considerada a igreja como o Reino de Deus no Mundo, no qual cada indivíduo é considerado súdito, ou rebelde; e no qual cada um é. finalmente salvo ou perdido; sua história deve ser lida com atenção, e diligentemente estudada.[235]

O *Reino de Deus* seria mais bem compreendido à medida que o homem avançasse no conhecimento da história da Igreja. O periódico tentou apresentar este conhecimento mediante séries[236] de estudos sobre a história da Igreja buscando solidificar a fé dos protestantes e convencer aos outros, mediante argumentações apologéticas, da necessidade de se aceitar a fé reformada.

De cunho espiritual, o *Reino* estaria presente nos corações dos verdadeiros convertidos de modo que tudo o que pode ser adquirido na presente realidade tenha um valor muito menor que as riquezas esperadas no porvir. Sobre o peso da expectativa da plenitude do Reino, foi publicado no jornal *Imprensa Evangélica*:

O Reino de Deus

Deste mundo as riquezas se evaporam,

Reduz-se enfim no pó toda grandeza.

Teu reino só, Senhor, por natureza,

O passado e futuro eterno adoram.

Agora mesmo em gozo transportados,

De súditos os olhos mil contemplam

As obras graciosas, que te exemplam

Dos céus ainda além mais remontados

Nem há senão só loucos, que a luz

Não queiram na tua fé gratos olhar,

Que com o sangue o mais pobre quis selar

De amor e verdade o Rei da Cruz

Aumenta, Pai, o número dos crentes,

---

[235] *Imprensa Evangélica*. Rio de Janeiro: Typographia Perseverança, v. 4, n. 18, 10 de setembro de 1868. p. 6, 7.

[236] *Imprensa Evangélica*. Rio de Janeiro: Typographia Perseverança, v. 4, n. 18, 10 de setembro de 1868. p. 6, 7.

Que em espírito e verdade te dão culto.

Cessando de adorar deuses de vulto

Os que do reino tem vagão ausentes.

Chamando-os assim ao teu domínio,

Deus Espírito! Imenso! Criador!

Também dás a tua Igreja o resplendor

Da gloria do Teu Trono mais que 'exímio.

JOSÉ MANOEL DA CONCEIÇÃO[237]

O Reino em todo o periódico foi apresentado como espiritual, não circunscrito a um tempo ou espaço específico. Os mil anos descritos em *Apocalipse* não foram tratados como literais. Apenas a ideia de um reino espiritual foi apresentada. Do mesmo modo que um reino temporal exige dos seus cidadãos obediência às suas leis, Cristo exigiria dos seus seguidores obediência aos preceitos apresentados na Bíblia. O princípio da obediência estaria, sobretudo, na centralidade de Cristo, que deveria ser adorado como o único Deus. O amor à Cristo deveria ser estendido aos seus outros seguidores e aos homens que ainda não creram, de modo que, por meio da oração, todos venham a participar do Reino.[238]

A citação direta à Santo Agostinho[239] poderia sugerir que a perspectiva do milênio entre os primeiros presbiterianos no Brasil seja amilenista. Contudo, é importante retomar que os pormenores da escatologia não foram consensuais na formação do presbiterianismo no Brasil. Além disso, de acordo com Millard J. Erickson, até o século XVIII, a distinção entre o pós-milenarimos e o amilenarismo não era muito clara, de modo que, Agostinho, João Calvino e Benjamin B. Warfield foram reivindicados como autoridades em ambas as perspectivas escatológicas.[240] Quanto ao periódico *Imprensa Evangélica*, reconhecemos uma tendência ao pós-milenarismo, assim como uma aproximação do conceito de *Reino de Deus* aos ideais de progresso e modernidade, havendo uma perspectiva otimista em relação ao futuro da humanidade antes do retorno de Cristo. Isso seria mais que suficiente para distanciá-los do amilenarismo que não antevê o crescimento da justiça em escala mundial.

---

[237] *Imprensa Evangélica*. Rio de Janeiro: Typographia Perseverança, v. 8, n. 15, 1 de agosto de 1872. p. 4.

[238] *Imprensa Evangélica*. Rio de Janeiro: Typographia Perseverança, v. 14, n. 40, 3 de outubro de 1878. p. 1.

[239] *Imprensa Evangélica*. Rio de Janeiro: Typographia Perseverança, v. 14, n. 46, 14 de novembro de 1878.

[240] ERICKSON, Millard J. **Opções Contemporâneas Na Escatologia:** um estudo do milênio. 1. ed. São Paulo: Edições Vida Nova, 1982. p. 63-64.

No seio no Império do Brasil, os presbiterianos pretendiam expandir o *Reino de Deus*. Considerando os limites postos pelo governo monárquico ao culto público dos protestantes, estes encaravam no advento republicano um catalizador do avanço do Reino.

A Proclamação da República foi um evento comemorado pelos presbiterianos, os quais, por outro lado, também afirmaram seus efeitos para a promoção da felicidade do povo só seriam sentidos mediante uma liberdade de caráter espiritual:

> [...] a lei de 13 de maio, A Proclamação da República no dia 15 de novembro, não podiam trazer a felicidade do país, se ao lado da liberdade que essas datas memoradas consubstanciam e recordam, não se proclamasse a liberdade do espírito ensinada com tanta insistência pelo divino Mestre. - Presidente da Sociedade União Evangélica.[241]

Na expectativa presbiteriana, com o advento da República, assim como com o fim da oficialidade da Igreja Católica sobre a nação brasileira e o fim da limitação aos cultos públicos protestantes, o *Reino de Deus* estaria livre para invadir os corações anteriormente inalcançados, conquistar os lares, as ruas, praças e os demais espaços públicos.

Para além da ação divina por meio dos cristãos enquanto indivíduos, das famílias, das instituições eclesiásticas e paraeclesiásticas, resta-nos saber o papel atribuído à Deus na expansão do seu Reino mediante o uso de eventos traumáticos, como a guerra.

---

[241] *Imprensa Evangélica*. São Paulo: Typographia Vanorden & Cia, v. 27, n. 23, 13 de junho de 1891. p. 1. Sobre a aproximação da Igreja Presbiteriana do Brasil com outras denominações, Carlos Barros Gonçalves afirmou que: "No âmbito presbiteriano, o primeiro registro de uma iniciativa com vistas à aproximação dessa igreja com outras confissões foi encontrado no livro de Atas do I Sínodo Presbiteriano do Brasil, que ocorreu no Rio de Janeiro em 1888. Na sétima sessão, ocorrida no dia Sete de Setembro, por proposta do reverendo Eduardo Carlos Pereira, o Sínodo nomeou uma comissão composta pelo próprio reverendo Eduardo e pelos reverendos G. W. Thompson e Lacey Wardlaw. Importante registrar que foi a primeira menção que encontrei ao termo *aliança evangélica* nas fontes consultadas. Essa associação não foi registrada por escritores presbiterianos como Vicente Themudo Lessa ou estudiosos como Duncan Reily (2003), Antônio Gouvêa Mendonça (1995), Valdinei Ferreira (2010) e Silas Luiz de Souza (2005). Contudo, creio não ser exagerado aproximar essa proposta de Eduardo Carlos Pereira aos seus anseios por uma autonomia da Igreja Presbiteriana no país." GONÇALVES, Carlos Barros. **Unum corpus sumus in cristo? Iniciativas de fraternidade e cooperação protestante no brasil (1888-1940)**. Tese (Doutorado em História) — Universidade Federal do Paraná (UFPR), Curitiba, 2015. p. 92.

CAPÍTULO 3

NAS FRONTEIRAS DA HUMANIDADE: AS GUERRAS NOTICIADAS NA GÊNESIS DO PRESBITERIANISMO BRASILEIRO (1861-1870)

Para compreendermos a visão presbiteriana a respeito dos papéis atribuídos a Deus e aos homens na expansão do *Reino de Deus* e do progresso no Império do Brasil, recorreremos aos noticiários sobre as guerras de Secessão, do Paraguai e do Risorgimento italiano relatados no *Diário de Simonton* e publicados no jornal *Imprensa Evangélica*, de modo a investigar como os conceitos de "humanidade" e "providência" foram formulados na formação do presbiterianismo brasileiro.

Na elaboração de conceitos que marcam os limites entre os seres humanos ao longo da história, Koselleck chama de conceitos "assimétricos" aqueles utilizados na direção do outro de modo a tratá-lo como diferente e contrário, isto é, não implicando um reconhecimento mútuo, induzindo, porém, a significados depreciativos. Nesse caso, o "outro" é apenas identificado, mas não reconhecido como um semelhante.[242]

O uso do "nós" e do "vós" sinaliza como ocorre a demarcação do "outro". O "nós" não apenas indica, mas também cria e caracteriza as unidades de ação e os grupos políticos e sociais.[243] Os conceitos de "povo", "Estado", "partido", "classe", "sociedade", "Igreja" podem ser entendidos como unidades de ação que muitas vezes são antecedidas por um artigo definido, reclamando para si o direito exclusivo à universalidade e produzindo conceitos opostos que discriminam os excluídos.

Os conceitos podem ser organizados de acordo com os seguintes critérios:

1. Conceitos que se excluem mutuamente e cujos grupos de referência podem separar-se especialmente. Como o caso de helenos e bárbaros.

---

[242] KOSELLECK, Reinhart. **Futuro Passado**: contribuição à semântica dos tempos históricos. Rio de Janeiro: Contraponto: Ed. PUC-Rio, 2006. p. 191.

[243] KOSELLECK, Reinhart. **Futuro Passado**: contribuição à semântica dos tempos históricos. Rio de Janeiro: Contraponto: Ed. PUC-Rio, 2006. p. 192.

2. Os conceitos antitéticos se coordenam mutuamente no tempo, deslocando a relação entre o espaço de experiência e o horizonte de expectativa. O que foi insinuado pelos gregos passa a servir de parâmetro no par de conceitos "cristão-pagão".

3. A referência à humanidade representa uma exigência tão grande de universalidade que parece não permitir que homem algum seja excluído.[244]

Levando em conta as elaborações do conceito de "unidade" da raça humana formuladas pelos presbiterianos durante as experiências das três guerras que serão apresentadas neste capítulo, investigamos de que maneira os homens foram identificados em posições comuns e opostas tendo em vista as suas relações com o trabalho, com a nação e com a religião. Buscaremos no grupo religioso presbiteriano, cujas unidades de ação apresentadas no periódico *Imprensa Evangélica* foram demarcadas a partir da oposição entre os católicos e protestantes, em que medida as suas identidades expressam pretensões universais, exclusivistas e excludentes.

3.1 A guerra enquanto metáfora no *Imprensa Evangélica*

A linguagem metafórica mais uma vez foi encontrada com frequência no periódico *Imprensa Evangélica,* desta fazendo referência às guerras, sobretudo no ataque à Igreja Católica e às outras religiões. Por exemplo, no combate ao culto às imagens da Igreja Católica e no apelo à sensualidade das religiões "pagãs". Para os presbiterianos, a valorização das imagens afrontaria o princípio da fé no Deus invisível que exige uma adoração verdadeira, realizada somente em espírito. Logo, a guerra estava declarada a tudo o que era considerado mal. Contudo, a guerra era espiritual, não implicando, portanto, um conflito violento entre adversários humanos, nem o pegar em "armas carnais", mas, sim, em "armas espirituais" eficazes para a grande batalha da vida cristã.[245]

Na *Confissão de Fé de Westminster,* a metáfora da guerra também é utilizada ao referir-se ao processo de santificação presente na vida de todos os cristãos:

---

[244] KOSELLECK, Reinhart. **Futuro Passado**: contribuição à semântica dos tempos históricos. Rio de Janeiro: Contraponto: Ed. PUC-Rio, 2006. p. 193-196.

[245] *Imprensa Evangélica*. Rio de Janeiro: Typographia Perseverança, v. 2, n. 5, 3 de março de 1866. p. 1. *Imprensa Evangélica*. Rio de Janeiro: Typographia Perseverança, v. 2, n. 12, 6 de junho de 1866. p. 12, 8.

> II. Esta santificação é no homem todo (1Ts 5:23), porém, imperfeita nesta vida; permanecendo ainda, em todas as partes dele, restos da corrupção (1Jo 1:10; Rm 7:18,23 Fp 3:12), e daí nasce uma guerra contínua e irreconciliável: a carne lutando contra o Espírito e o Espírito contra a carne (Gl5:17; 1Pe 2:11).
>
> III. Nesta guerra, embora as corrupções restantes prevaleçam por algum tempo, (Rm 7:23), contudo, pelo contínuo socorro da eficácia do santificador Espírito de Cristo, a parte regenerada vence (Rm 6:14; 1Jo 5:4; Ef 4:15,16), e assim os santos crescem em graça (2Pe 2:18; 2Co 3:18), aperfeiçoando a santidade no temor de Deus (2Co 7:1).[246]

Mesmo não havendo na nova versão da confissão de fé presbiteriana um encorajamento para as autoridades trabalharem na manutenção da pureza e da unidade da Igreja, inclusive, lançando mão à "guerra justa", a guerra continuava a ser um elemento comum entre as versões da confissão. Não nos referimos às guerras civis decorrentes da intolerância religiosa de um rei para com os súditos divergentes, ou aos conflitos entre seitas distintas do protestantismo ou entre os católicos e protestantes. Contudo, colocamos em debate uma guerra supra religiosa, ou supra denominacional, cuja vitória demonstraria o favor de Deus atuando na História, por meio da ação humana, em benefício dos homens injustiçados.

O posicionamento citado não era o mesmo dos espíritas, os quais trataram as guerras genericamente como um mal a humanidade. A superação dos entraves ao progresso, como a escravização no Brasil, não seria realizada abruptamente por um conflito entre os homens, porém pela transformação gradual da sociedade. Como defendia o espírita Silva Neto:

> Seria preciso impedir uma guerra civil – as crateras que vomitariam lavas – como a ocorrida nos Estados Unidos. Para atuar em prol da abolição, bastava que os jornalistas orientassem, ou melhor, conscientizassem os senhores de escravos: que eles tivessem uma conduta humanitária para com seus cativos. Em vez de castigos físicos, os morais. Nada de chicote, mas gratificações. Para ele, a propriedade justificada por leis injustas transformava a posse de escravos num crime.[247]

---

[246] ASSEMBLEIA DE WESTMINSTER. Tradução de Filipe Luiz C. Machado e Joelson Galvão Pinheiro. São Paulo: Congregação Puritana Livre, 2013. p. 35.

[247] DEL PRIORE, Mary. **Do outro lado**: a história do sobrenatural e do espiritismo. São Paulo: Planeta, 2014. p. 61.

Portanto, para os espíritas, os homens compreenderiam melhor a fraternidade e as guerras desapareceriam juntamente do egoísmo.

Conforme os presbiterianos que atuaram no Brasil, sejam nacionais ou estrangeiros, as autoridades seculares nos Estados Unidos, Brasil e Itália depararam-se com situações históricas tão injustas que a alternativa para a mudança passaria pela deflagração de guerras. O horror da escravização, a barbaridade dos paraguaios e o poderio da Igreja Católica sobre as questões políticas na península itálica deveriam ser superados, e o caminho apontado até então era o da guerra.

As guerras literais, não apenas metafóricas, ganham espaço no noticiário do periódico *Imprensa Evangélica*, assim como aconteceu nos jornais não confessionais (correntes no Império do Brasil). Os eventos são narrados não apenas do ponto de vista da informação, mas, sim, dentro de uma perspectiva da História que oferecia elementos para a produção de uma narrativa carregada de juízos de valor. Os acontecimentos ancoram-se numa leitura providencialista da História e, por isso, os seus agentes participam do plano soberano divino e não atuam como meros derramadores de sangues sedentos por poder.

Entretanto, os noticiários presbiterianos não apenas sugerem uma leitura providencialista da História, mas buscam discernir a causação divina dos eventos ao identificarem o agir de Deus na história, inclusive em eventos traumáticos como a guerra. Nessa perspectiva, a divindade não se tornaria conhecida apenas por uma revelação expressa num livro sagrado, mas demonstraria o seu cuidado para com a humanidade mediante o seu agir na história. A escravização dos hebreus na terra do Egito, por exemplo, foi vista dentro da ótica da "providência", que capacitou o "povo de Deus" a aperfeiçoar-se nas artes e na cultura, tomando como exemplo a civilização mais avançada daquele período.[248]

Como justificar que um jornal religioso não apenas ocupasse as suas páginas com noticiários sobre a guerra, mas também comentasse como alegria a vitória de um exército sobre o outro de modo ignorar as mortes do campo de batalha? Tal questionamento fora levantado por críticos do jornal *Imprensa Evangélica*. Sem querer, responder diretamente sobre a questão das mortes, o redator argumentou que por meio da observação dos acontecimentos político e das guerras seria possível verificar "progresso moral" das nações. Nessa perspectiva, seria possível aprender mais sobre

---

[248] *Imprensa Evangélica*. Rio de Janeiro: Typographia Perseverança, v. 3, n. 21, 2 de novembro de 1867. p. 4.

Deus e sobre a sua intervenção na história a partir do conhecimento dos acontecimentos notáveis noticiados pelos periódicos contemporâneos. "Leio jornais pois quero saber o progresso que o *Reino de Jesus Cristo* vai fazendo neste mundo".[249] Ou seja, as guerras eram um ponto de observação do avanço do *Reino de Deus*.

Paradoxalmente, ao mesmo tempo em que anunciam a expansão do *Reino de Deus*, as guerras sanguinolentas vinham ferindo as promessas da civilização e do progresso, devendo elas chamarem a atenção da humanidade para a necessidade da aproximação de Deus e da formação de uma nação tão unida quanto uma família.

> E em um tempo onde, a despeito de todas as promessas da civilização e do progresso, temos experimentado tantas decepções, vendo, depois de esperanças de paz, guerras sanguinolentas aparecem, é bom neste lugar, onde as maquinas de guerra aperfeiçoadas ocupam um tão largo espaço, aproximando-nos de Deus para formar uma só família e não ter senão uma pátria.[250]

Os presbiterianos, então, na experiência da guerra, exclamaram o anseio pela formação de uma comunidade humana que superasse as demarcações excludentes estabelecidas pelo egoísmo dos homens. Isto é, as definições do conceito de humanidade e as demarcações que a divide não foram elaboradas na história do presbiterianismo apenas pelos grandes teólogos responsáveis pela sistematização das doutrinas. A experiência histórica dos presbiterianos em acontecimentos fora do espaço normalmente tido como religioso, a exemplo da experiência e das leituras das guerras, constitui parte importante da formação das ideologias religiosas, das quais daremos atenção aos conceitos de humanidade e providencia.

No *Imprensa Evangélica*, temos a seguinte afirmação sobre o homem: "O homem não seria um anjo nem um animal, mas o filho de Deus decaído"[251]. Ainda que corrompido pelo pecado, o homem carrega marcas da imagem de Deus. Essas marcas fazem com que haja nele um desejo que não pode ser satisfeito por nada encontrado neste mundo. O homem carrega uma angústia existencial por se deparar com a maldade e o sofrimento existente decorrentes do seu pecado. Essa angústia demonstra a

---

[249] *Imprensa Evangélica*. Rio de Janeiro: Typographia Perseverança, v. 2, n. 19, 6 de outubro de 1866. p. 6.

[250] *Imprensa Evangélica*. Rio de Janeiro: Typographia Perseverança, v. 3, n. 15, 3 de agosto de 1867. p. 8.

[251] *Imprensa Evangélica*. Rio de Janeiro: Typographia Perseverança, v. 5, n. 19, 2 de outubro de 1869. p. 2.

sua insatisfação com o ordenamento do mundo. Outrossim, a angústia e a insatisfação decorrem do pecado e do sentimento de culpa que o homem criou ao desobedecer a Deus. Nesta matéria do *Imprensa Evangélica*, a autoria do mal está relacionada ao uso inadequado da liberdade que o homem recebeu de Deus, e não a um decreto divino, como afirmam algumas vertentes do calvinismo.

Para o *Imprensa Evangélica*, as desigualdades entre os homens, as guerras, as paixões em lutas tão revoltantes e o mal parecendo sobrepujar o bem fazem com que a vida humana seja uma molesta para contemplar-se.[252] Diante de tamanhas moléstias conhecidas nos eventos da Guerra de Secessão, Guerra do Paraguai e Risorgimento italiano, coube-nos a seguinte indagação: como a Igreja Presbiteriana vivenciou a esperança na "providência divina" diante de tais conflitos?

3.2 As sombrias providências em narrativas sobre a Guerra Civil Americana (1861-1865)

De acordo com Archibald Alexander (1846), a providência seria uma doutrina verificada pelas sagradas escrituras e pela razão humana, com aplicações tanto aos eventos de pequenas quanto aos de grandes dimensões, sendo entendido como a mais santa, sábia e poderosa preservação e governo de Deus sobre todas as suas criaturas e todas as suas ações. Para o teólogo, seria um absurdo atribuir qualquer falha na realização divina ou indicar que a situação real de qualquer coisa no universo fosse diferente do plano original da divindade. Deus, segundo a perspectiva do autor, não era o autor do pecado, mesmo tendo previsto, permitido e determinado que agentes livres no exercício das suas liberdades cometessem pecado sem a sua interferência. O motivo para tal seria o de poder exibir os seus atributos, especialmente a sua justiça e sua misericórdia. Nesta perspectiva, antes do pecado, tais atributos não teriam o mesmo destaque, e o motivo para que Deus tivesse permitido a entrada do pecado no mundo seria o de demonstrar a sua própria glória com mais clareza.[253]

O conceito da providência indicaria aos cristãos que a vida não se fundamenta no acaso dado que todas as coisas que lhes acontecem foram

---

[252] *Imprensa Evangélica*. Rio de Janeiro: Typographia Perseverança, v. 4, n. 2, 10 de setembro de 1868. p. 4.

[253] ALEXANDER, Archibald. **A Brief Compend of Bible Truth**. Philadelphia: Presbyterian Board of Publication, 1846. p. 73-75.

divinamente planejadas: "todo e qualquer evento é governado pelo conselho secreto de Deus"[254]. Nesse sentido, cabe rememorar a indagação de Hodge que diz: "Como pode o controle absoluto de Deus conciliar-se com a liberdade de agentes racionais?"[255] Hodge criticou as correntes interpretativas que negam a responsabilidade humana e conferem a Deus a responsabilidade do pecado. Por outro lado, o autor apontou para outras que excluem Deus do universo criado por Ele, exaurindo-o, portanto, de seu caráter piedoso. Para solucionar o questionamento, o teólogo assume que a regência divina não modifica a ordem natural ou a ação livre e individual dos seres humanos. O governo soberano de Deus não extingue a responsabilidade e a atuação das segundas causas, muito pelo contrário, as consequências dos atos humanos exercem também funções estabelecidas a priori pela sabedoria divina, pois:

> Deus infinitamente sábio, bom e poderoso está presente em todas as partes, controlando todos os acontecimentos, grandes e pequenos, necessários e livres, de maneira perfeitamente consistente com a natureza de suas criaturas e com a sua própria excelência infinita, de modo que tudo está ordenado por seus sábios e benevolentes desígnios.[256]

Esta ideia de "providência" permeou as leituras sobre a Guerra Civil Americana, que a despeito das motivações econômicas mobilizou na opinião pública do Mundo Atlântico o debate sobre a continuidade da escravização ou a abolição. Os representantes dos Estados Confederados do Sul utilizam na imprensa internacional e em seus diálogos diplomáticos o argumento de que a guerra era justificada não pela tensão entre escravidão e liberdade, mas pela imposição de pesadas tarifas por parte dos industriais do norte aos fazendeiros do sul. Não foi a narrativa sulista que prevaleceu, de modo que até hoje a guerra é lembrada como o caminho americano para abolição.[257] Dos impactos da guerra sobre as missões estadunidenses no Brasil, inúmeros recortes podem ser traçados. Para tais missionários, como seria a vida dos afro-americanos após a abolição, como seriam realizadas as atividades laborais em uma nação livre da escravização?

---

[254] CALVINO, João. **As Institutas da Religião Cristã**. São Paulo: Ed. Unesp, 2009. p. 199. v. 1.

[255] HODGE, Charles. **Teologia Sistemática.** São Paulo: Hagnos, 2001. p. 433.

[256] HODGE, Charles. **Teologia Sistemática.** São Paulo: Hagnos, 2001. p. 458.

[257] DOYLE, Don Harryson. **The Cause of All Nations**: an International History of the American Civil War. 1. ed. New York: Basic Books a Member of the Perseus Books Group, 2015.

De acordo com Max Weber (2004), o trabalho na concepção calvinista, é um elemento formador da identidade dos seres humanos, sendo considerado um elemento normativo, no sentido de que todos que quiserem viver dignamente tal como Deus planejou, precisariam considerar o seu trabalho como uma obrigação. Sobre o assunto, Weber afirmou:

> De fato: essa ideia singular, hoje tão comum e corrente e na verdade tão pouco auto evidente, da profissão como dever, de uma obrigação que o indivíduo deve sentir, e sente, com respeito ao conteúdo de sua atividade "profissional", seja ela qual for, pouco importa se isso aparece à percepção espontânea como pura valorização de uma força de trabalho ou então de propriedades e bens (de um "capital") — é essa ideia que é característica da "ética social" da cultura capitalista e em certo sentido tem para ela uma significação constitutiva.[258]

Muito mais que uma punição ao pecado de Adão, o trabalho, conforme Hodge, foi uma ordem dada ao homem, o responsável por dominar sobre os animais e as plantas ainda no estado de perfeição do paraíso.[259] Inicialmente, este domínio seria exercido ao catalogar tudo que havia no jardim. Posteriormente, caberia à Adão e a sua descendência cuidar de tudo o que ali existisse. Ou seja, o trabalho relacionava-se com a formação da identidade humana desde o princípio da Criação. As formas de trabalho haviam sido corrompidas após a queda do homem, que passaria a sofrer para obter o seu próprio sustento e estaria sujeito ao domínio do seu semelhante nas relações de trabalho.

De acordo com um artigo do *Imprensa Evangélica* de 1866, toda criatura, não apenas os cristãos, deveria trabalhar para antecipar a vinda do *Reino de Deus*, uma vez que Deus não seria um duro Senhor e que o trabalho neste mundo não seria apenas uma punição.[260] Nesse sentido, o trabalho não está restrito à missão ou atividades religiosa. Todo o trabalho deve ser visto como uma maneira de glorificar a Deus e contribuir para o avanço do seu Reino.

No diário pessoal do missionário Ashbel Green Simonton, ainda em sua viagem ao sul dos Estados Unidos, antes mesmo de tornar-se seminarista em Princeton, é possível perceber a sua rejeição ao sistema

---

[258] WEBER, Max. Ética protestante e o espírito do capitalismo. São Paulo: Companhia das Letras, 2004. p. 47.

[259] HODGE, Charles. **Teologia Sistemática.** São Paulo: Hagnos, 2001. p. 559-561.

[260] *Imprensa Evangélica*. Rio de Janeiro: Typographia Perseverança, v. 2, n. 13, 27 de março de 1866. p. 5.

escravista. Inúmeras são as passagens do diário nas quais o missionário declarou a sua indignação contra a escravização[261].

Enquanto viajava pelo Sul do Estados Unidos, indo para LaGrange, Simonton registrou o seu encontro com um lote de negros que estavam sendo conduzidos com o fim de serem vendidos para o mercado do oeste.[262] Sobre a estratégia política para a abolição nos estados do sul, em 1854, Simonton sugeriu que o problema deveria ser retirado do Congresso e entregue à Suprema Corte ou à população dos territórios à época de votarem as respectivas Constituições Estaduais. A sua crença de que o caminho para a abolição estaria aberto pela população se dava ao fato dele atribuir aos escravizadores do Sul um sentimento de pesar e uma responsabilidade pela imposição deste tipo de trabalho. Para Simonton, os sentimentos da população deveriam produzir a transformação necessária para a extinção dessa condição desumana[263].

Em 12 de agosto de 1859, Simonton foi servido por escravizados enquanto participava de um jantar em terras brasileiras, juntamente com Robert C. Wright[264] e a família do Consul Robert S. Scott.[265] Durante a sua missão no Brasil, Simonton teve inicialmente certo cuidado ao tratar da questão escravista a fim de não dificultar a abertura para a pregação do Evangelho entre algumas famílias. Posteriormente, em 29 de setembro de 1859, ele afirmou: "Tive uma conversa com S. da qual me arrependi. Foi uma discussão sobre a escravidão. Ele é absurdamente a favor da escravidão e, ao me opor a ele, apenas diminuo meu poder e influência junto a ele".[266]

---

[261] A maior parte destas passagens também foram trabalhadas por Lenz César e por Valmir. Ver:
CÉSAR, Elben Lenz. **Mochila nas costas, diário na mão.** Viçosa: Ultimato, 2009.
SANTOS, Valmir Rocha. **Polêmica religiosa e defesa doutrinária no discurso de Ashbel Green Simonton.** Dissertação (Mestrado em Religião) — Universidade Presbiteriana Mackenzie, São Paulo, 2013.

[262] SIMONTON, Ashbel Green. **Transcript of the Journal of the Rev. Ashbel Green Simonton.** Jan 1, 1853. p. 18.

[263] SIMONTON, Ashbel Green. **Transcript of the Journal of the Rev. Ashbel Green Simonton.** April 27, 1854. p. 43.

[264] Robert C. Wright liderava a empresa Maxwell & Wright Company. Sobre o papel da Maxwell & Wright Company no tráfico de escravizados, ver:
RIBEIRO, A. S. **The Leading Commission-house of Rio de Janeiro:** A Firma Maxwell, Wright & C.O No Comércio do Império do Brasil (C. 1827 - C. 1850). Dissertação (Mestrado em História) Universidade Federal Fluminense, Niterói, 2014. MARQUES, L. **The United States and the slave trade to the americas,** 1776-1867. New Haven: Yale University Press, 2017.

[265] SIMONTON, Ashbel Green. **Transcript of the Journal of the Rev. Ashbel Green Simonton.** August 12, 1859. p. 116.

[266] SIMONTON, Ashbel Green. **Transcript of the Journal of the Rev. Ashbel Green Simonton.** Sept 28, 1859. p. 120.

O arrependimento referia-se muito mais ao momento e à maneira com que o assunto foi tratado, do que propriamente ao posicionamento do missionário sobre a escravização e ao papel que ele atribuía à Igreja, aos indivíduos e ao Estado no processo abolicionista. Apesar de medir palavras no jornal *Imprensa Evangélica*, as reflexões sobre a temática corriam livremente em seu diário pessoal.

Simonton estava no Brasil quando estourou a Guerra Civil americana (1861-1865). No dia 14 de fevereiro de 1861, descreveu o evento como catastrófico, mas guiado por de Deus com a finalidade de transformar a história mediante as "Sombrias Providências"[267]. Durante a guerra, porém, Simonton regressou aos EUA. O seu objetivo não foi combater ou atuar como capelão do exército da União, mas visitar a sua família, prestar relatórios ao conselho de missões e, sobretudo, organizar um casamento a fim de não retornar ao Brasil sozinho. Estando nos EUA, Simonton refletiu em seu diário o evento de maior repercussão no início de 1863: a Proclamação da Emancipação, instituída sob a liderança do presidente Abraham Lincoln. A partir de então, todos os escravizados em Estados Confederados foram declarados livres e receberam permissão oficial para lutar ao lado do exército da União.[268]. Posteriormente, em 19 de junho de 1861, Simonton assumiu a necessidade da guerra na superação do sistema de trabalho escravista:

> Durante algum tempo, duvidei da validade e do dever da guerra, mas nunca do direito constitucional. Agora estou convencido de que todos os acordos (se algum for aconselhável) devem ser feitos com urnas nas mãos do governo. Outra esperança não parece grande demais para induzir, que é o início do fim da escravidão. Se apenas essa mancha puder ser removida, esse íncubo retirado do corpo da nação, mesmo que o dia esteja distante quando esse fim for perfeitamente alcançado, será uma grande conquista. É um dia de provação, um dia para a humilhação do orgulho nacional, confissão de pecados e súplica pela ajuda de Deus.[269]

A preocupação de Simonton em não entrar inicialmente em discussões diretas em torno da escravização pode ser evidenciada na pouca

---

[267] SIMONTON, Ashbel Green. **Transcript of the Journal of the Rev. Ashbel Green Simonton**. Feb. 14, 1861. p. 139.

[268] SIMONTON, Ashbel Green. **Transcript of the Journal of the Rev. Ashbel Green Simonton**. Jan. 3, 1863. p. 149.

[269] SIMONTON, Ashbel Green. **Transcript of the Journal of the Rev. Ashbel Green Simonton**. July 19, 1861. p. 141.

quantidade de discussões abolicionistas no periódico *Imprensa Evangélica* durante os anos em que foi o editor chefe (1864-1867). Conforme Ribeiro (1980),

> Simonton é republicano entusiasta, mas não está no Brasil para subverter a monarquia; é antiescravagista visceral, e não faz segredo disso, mas não vai dedicar-se à campanha abolicionista no país. Ele visa a inserção no sistema religioso brasileiro de uma nova denominação integrada por pessoas que tenham experiência pessoal de que Deus perdoou seus pecados porque creram em Cristo.[270]

De acordo com Angela Randolfo Paiva, há uma ausência de argumentação religiosa na campanha abolicionista brasileira, diferentemente do caso estadunidense.[271] Se considerarmos a campanha abolicionista no espaço público oficial, como o Conselho de Estado ou o Senado, veremos que o discurso religioso não apareceu em evidência, mas que os argumentos sobre como aconteceria a libertação dos escravizados pautavam-se na viabilidade econômica e na repercussão da liberação sobre as relações sociais no Império do Brasil.

Contudo, não devemos desconsiderar que o debate em torno da escravização no Brasil passou por várias frentes da imprensa, inclusive pela imprensa religiosa, como o caso do próprio *Imprensa Evangélica* e do jornal católico *O Apóstolo*, que não discursaram apenas sobre a abolição, mas também sobre o lugar da guerra no processo abolicionista.

Anteriormente, havíamos mencionado em nossa dissertação de mestrado que durante a gestão de Simonton, a palavra *escravo e escravidão* foi utilizada no periódico *Imprensa Evangélica* prioritariamente em sentido metafórico para se referir a condição espiritual, sendo os escravos de Cristo aqueles que seguiam as orientações protestantes, ou escravos do pecado aqueles que não viviam conforme os parâmetros morais e religiosos tomados como primordiais para os protestantes. Apesar de não termos encontrado no *Imprensa Evangélica* o tema da *escravidão* enquanto trabalho cativo como a questão central de nenhuma antes de 1871, mencionamos que o tema da escravização fora indiretamente abordado, especialmente através de notícias sobre Guerra Civil Americana. Nesse sentido, a nossa afirmação anterior de que apenas depois da Lei do Ventre Livre, houve

---

[270] RIBEIRO, Boanerges. **Protestantismo e cultura brasileira**. São Paulo: Casa editora Presbiteriana, 1981. p. 27.

[271] PAIVA, Angela Randolfo. **Católico, Protestante, Cidadão**: uma comparação entre Brasil e Estados Unidos. Rio de Janeiro: Centro Edelstein de Pesquisas Sociais, 2010.

a "primeira manifestação política direta e clara do periódico Imprensa Evangélica sobre a escravização",[272] foi um pouco diferente, a despeito de certa semelhança, da afirmação de Medeiros, para quem "Na Imprensa Evangélica, a primeira vez em que lemos uma publicação sobre a questão escravista foi em 1871".[273]

Inclusive, nas releituras sobre as notícias da guerra Civil Americana, julgamos insuficiente a nossa anterior especificação "política direta e clara". Apesar do título da notícia não ser sobre a escravidão, ela demonstra a intencionalidade explícita dos editores "empregamos de propósito sem restrição essas palavras", em uma publicação clara, direta e objetiva, inclusive em alusão aos eventos de ordem política e temporal, não meramente espiritual, a aversão dos responsáveis do periódico em relação à escravidão, assim como dos efeitos exemplares da guerra, tida como justa diante da abolição nos EUA, cujo exemplo poderia gerar esperança entre todos os que que viviam sob o domínio de tiranos.[274]

Na perspectiva de Medeiros, não houve um posicionamento público dos primeiros missionários estrangeiros quanto à abolição. O pesquisador, avançou em suas reflexões questionando o motivo do missionário Simonton não ter se falado publicamente contra a escravização. Pedro comparou a resposta dada por José Barbosa[275], o qual sugeriu que a apatia quanto à questão da escravização estava relacionada ao alinhamento à doutrina da igreja espiritual, com a resposta oferecida por Hélio Silva[276], o qual viu na indiferença dos missionários uma estratégia utilitária para preservar os interesses da missão no Império do Brasil.

---

[272] FALCÃO JR, Jorge William. **O "Reino de Deus" no império do Brasil**: a "expectativa" presbiteriana a partir do jornal Imprensa Evangélica (1864-1889). Dissertação (Mestrado em História) — Universidade Federal de Juiz de Fora, Juiz de Fora, 2017. p. 107-109.
Sobre o tema da escravidão antes da Lei do Ventre Livre, ver:
Imprensa Evangélica. v.7. n.9. Rio de Janeiro: Typographia Perseverança, 7 de outubro de 1871. p.1
O comentário do Imprensa Evangélica tomou como base trechos do discurso do Conselheiro Bernardo de Souza Franco sobre a Lei do Ventre Livre, que, decretada pela Assembleia Geral do Império do Brasil e sancionada pela Princesa Imperial Regente, deveria conferir liberdade aos filhos de escravizadas.
BRASIL. **Lei nº 2.040**, de 28 de setembro de 1871.

[273] DE MEDEIROS, Pedro Henrique Cavalcante. Por Cristo E Pela Pátria Brasileira: Abolição, Laicidade e Conservadorismo Na Imprensa Protestante Oitocentista (1880-1904). Universidade Federal Rural do Rio de Janeiro, 2020.p.45, 54

[274] *Imprensa Evangélica*. Rio de Janeiro: Typographia Perseverança, v. 1, n. 17, 1 de julho de 1865. p. 8; v. 1, n. 21, 29 de setembro de 1865. p. 8; v. 5, n. 5, 6 de março de 1869. p. 2.

[275] BARBOSA, José C. **Negro Não Entra Na Igreja**: espia Da Banda De Fora: Protestantismo e Escravidão no Brasil Império. Piracicaba: Editora Unimep, 2002.

[276] SILVA, Hélio de O. A Igreja Presbiteriana do Brasil e a Escravidão: breve análise documental. **Fides Reformata**, São Paulo, v. 15, n. 2, p. 44, 2010.

Em 1865, porém, verificamos um comentário sobre a morte do presidente Abraham Lincoln e sobre o fim da Guerra de Secessão. Os acontecimentos são apresentados como fatos que consolidam a emancipação libertadora de mais de quatro milhões de escravizados.[277] Posteriormente, o periódico comentou os possíveis efeitos da vitória do norte dos Estados Unidos e da morte de Abraham Lincoln sobre a Europa, demonstrando o apreço generalizado pelos feitos do presidente assassinado.[278] Com o fim da guerra, Simonton também proferiu um sermão sobre o Salmo 46 destinado aos americanos residentes no Brasil. De acordo com tal passagem, Deus estaria presente no tempo da angústia — mensagem que caia como um consolo aos imigrantes que perderam seus parentes na guerra e estavam distantes sem ao menos poder enterrá-los —; Deus também é caracterizado com Senhor dos Exércitos e reivindicado como "nosso" (filhos de Jacó) em oposição aos "gentios". Ou seja, a assimetria entre "judeu" e "gentio" estava sendo aplicada ao contexto da guerra. E o motivo de consolo para a comunidade não repousava apenas na ideia da soberania de deus, mas na crença de que o grupo vencedor poderia ser considerado superior. Na ocasião esteve presente Louis Agassiz, o qual "com lagrimas nos olhos pediu o sermão para lê-lo a alguns amigos"[279]. O jornal *Imprensa Evangélica* apresentou Abraham Lincoln com um mártir e a guerra como um evento guiado por Deus para promover a emancipação de mais de quatro milhões de pessoas.[280] Nessa perspectiva, a luta dos afro-americanos pela abolição foi desconsiderada. A "providência" foi reconhecida a partir das ações promovidas por pessoas brancas, vistas como as protagonistas da emancipação negra.

Ou seja, se Simonton relatou em seu diário ter falado contra a escravidão em meio aos escravocratas e ainda permitiu que a temática fosse abordada no periódico que comandava, qual outro critério deve ser utilizado para que passemos a considerar que o missionário se posicionou publicamente quanto à questão da escravização? Simonton não se posicionou ou não se posicionou como os presbiterianos nacionais esperavam que ele se posicionasse? Efetivamente, em Simonton não houve um

---

[277] *Imprensa Evangélica*. Rio de Janeiro: Typographia Perseverança, v. 1, n. 17, 1 de julho de 1865. p. 8.

[278] *Imprensa Evangélica*. Rio de Janeiro: Typographia Perseverança, v. 1, n. 21, 29 de setembro de 1865. p. 8. *Imprensa Evangélica*. Rio de Janeiro: Typographia Perseverança, v. 5, n. 5, 6 de março de 1869. p. 2.

[279] MATOS, Alderi Souza. **Os Pioneiros Presbiterianos do Brasil (1859-1900)**: Missionários, Pastores e Leigos do Século 19. São Paulo: Cultura Cristã, 2004. p. 29.

[280] *Imprensa Evangélica*. Rio de Janeiro: Typographia Perseverança, v. 1, n. 21, 29 de setembro de 1865. p. 8. *Imprensa Evangélica*. Rio de Janeiro: Typographia Perseverança, v. 5, n. 5, 6 de março de 1869. p. 2.

engajamento público, organizado, sistemático e contínuo em favor da abolição, mas temos ações pontuais que nos impossibilitam de afirmar a inexistência de posicionamentos públicos.

A pouca publicação sobre o caso da Guerra Civil americana no *Imprensa Evangélica* durante a gestão de Simonton não nos parece indicar a sua indiferença com relação à guerra e suas implicações sobre as condições de trabalho no sul dos Estados Unidos, uma vez que o missionário registrou em seu diário suas angústias em relação aos eventos do conflito civil. Diante da separação do estado da Carolina do Sul, o missionário narrou em seu diário a expectativa de que tal evento, dentro da história da providência, resultasse em um futuro melhor para a humanidade.

> Agora quem poderá prever a marcha dos acontecimentos nos Estados não mais "unidos"? Talvez Deus por caminhos inimaginados vai dar meios para se expulsar o íncubo da escravidão, apesar de, à nossa vida humana parecer que se dará justamente o contrário. Sinto forte convicção de que há um bom propósito, de algum modo oculto sob essas sombrias providências.[281]

No espaço do diário, o missionário não tinha o compromisso de sustentar uma ideia diante de uma plateia, como o faria em um sermão, nem de argumentar para os seus leitores, como o faria ao escrever um artigo no *Imprensa Evangélica*. No diário, o missionário colocou os seus pensamentos imediatos e as suas respostas, ainda em elaboração, aos eventos traumáticos da História. Não houve um compromisso com uma resposta definitiva. Não houve uma conclusão dogmática do propósito exato da providência divina que, de acordo com João Calvino, seria secreto.[282] Mas a imaginação, as inquietações do tempo presente do missionário, assim como a sua crença nos valores que, supostamente, seriam apreciados por Deus, o levaram a crer que tais eventos catastróficos poderiam resultar num bem maior: a libertação dos escravizados. Deste modo, os Estados Unidos continuariam a ser o modelo a ser seguido pelas outras nações.

A preocupação de Simonton em acompanhar o conflito continuou e os eventos da guerra estão registrados em seu diário. Por se tratar de uma escrita pessoal, o missionário não teve a preocupação de anotar a fonte de tais informações, como no caso a seguir:

---

[281] SIMONTON, Ashbel Green. **O diário de Simonton (1852-1866)**. São Paulo: Cultura Cristã, 2002. p. 147. SIMONTON, Ashbel Green. **Transcript of the Journal of the Rev. Ashbel Green Simonton.** Month DAY, Year.

[282] CALVINO, João. **As Institutas da Religião Cristã**. São Paulo: Ed. Unesp, 2009. p. 199. v. 1.

> Enquanto isso, notícias tristes chegam dos Estados Unidos. O Forte Sumter foi atacado pelos soldados carolinianos em 12 de abril e, instantaneamente, o país ficou em chamas. Lincoln convocou 75.000 voluntários e proclamou um bloqueio ao Sul. A Virgínia se separou e o estaleiro da Marinha em Norfolk e o arsenal em Harper's Ferry foram queimados para evitar que caíssem em mãos federais. Tudo é agitação e a multidão de ambos os lados clama por guerra. Os fundos do Conselho estão diminuindo e não sabemos onde o desastre vai parar.[283]

Apesar de favoráveis à abolição, Simonton e os primeiros presbiterianos redatores do *Imprensa Evangélica* não usaram o termo "escravidão" com frequência no periódico para referir-se a um sistema de trabalho a ser combatido, mas majoritariamente enquanto condição espiritual da humanidade.

O periódico protestante também reconheceu o envolvimento da Igreja Católica na luta contra a escravização por meio da manifestação de bispos a partir de cartas e do posicionamento do jornal *O Apóstolo*[284]. Ou seja, mesmo tratando a Igreja Católica como atrasada em relação aos valores da modernidade, os protestantes brasileiros buscaram, em poucos momentos, reconhecer as atividades positivas da instituição. Assim, o *Imprensa Evangélica* publicou a lista de dez artigos que demonstram porque o cristão não deve aceitar a escravização. Os artigos alicerçavam-se em justificativas religiosas, econômicas e políticas.

Em 1886, quando o jornal era impresso em São Paulo, semanalmente, houve menção ao lugar da educação na substituição da mão de obra escrava pela mão de obra livre. O periódico exemplificou o que aconteceu nos Estados Unidos após a sua Guerra Civil com a fundação de diversas escolas livres, de agricultura e de ensino de toda qualidade de trabalho científico gerando, consequentemente, nos estados anteriormente escravocratas do Sul uma classe industrial capaz de rivalizar com os estados do Norte.[285] Comparando os Estados Unidos com o Brasil, o redator do jornal indagou no final do artigo quem será o brasileiro capaz de se imortalizar enquanto herói nacional por fundar escolas capazes de produzirem mão de obra qualificada para as indústrias, tornando o seu país mais próspero e desenvolvido.

---

[283] SIMONTON, Ashbel Green. **Transcript of the Journal of the Rev. Ashbel Green Simonton**. June 17, 1861. p. 140 (Tradução nossa).

[284] *Imprensa Evangélica*. São Paulo: Typographia King, v. 23, n. 45, 5 de novembro de 1887. p. 3.

[285] *Imprensa Evangélica*. São Paulo: Typographia King, v. 22, n. 4, 23 de janeiro de 1886. p. 3.

3.3 Os paraguaios como bárbaros em notícias sobre a Guerra da Tríplice Aliança (1864-1870)

Enquanto as Treze Colônias conseguiram independência no século 18, as colônias da América Espanhola foram conquistando a sua independência ao longo do século 19. Estas não formaram imediatamente Estados-nações solidificados com territórios claramente demarcados. As ex-colônias construíram os seus Estados e definiram seus limites ao longo do século mediante processos históricos que envolveram guerras tanto com as nações em formação, como com os reinos na Europa. Nesse processo histórico, está situada a Maldita Guerra, também conhecida como Guerra do Paraguai, Guerra da Tríplice Aliança ou Grande Guerra.[286]

Na historiografia, há uma longa discussão acerca dos efeitos dessa guerra sobre o fim do sistema escravista e do governo monárquico brasileiro. De acordo com Robert Conrad[287], cerca de 20 mil escravizados receberam a carta de alforria com a participação na guerra. No entanto, Ricardo Salles demonstra que a tarefa de determinar os números de escravizados envolvidos na guerra não é um trabalho fácil, pois, além da precariedade das estatísticas da época, havia "um desejo de ocultar o quanto uma sociedade escravocrata dependeu de escravizados para responder ao chamado de defesa da Pátria"[288]. Vitor Izecksohn lembra que os números apresentados pelos relatórios do "Ministério de Guerra, da Marinha e da Justiça não concordam entre si, muito menos com os números da província"[289].

Para Salles, a contradição resultante da participação dos negros no campo de batalha "não se fez aparente, e restringiu seus efeitos àqueles que diretamente nela estiveram envolvidos, os antigos combatentes e seus familiares"[290]. Talvez, por esse motivo, os presbiterianos não demonstraram

---

[286] IZECKSOHN, Vitor. A Guerra do Paraguai. *In*: GRINBERG, Keila; SALLES, Ricardo. **O Brasil Imperial**. v. 2, 1831-1870. Rio de Janeiro: Civilização Brasileira, 2009. p. 391.

[287] CONRAD, Robert. Os Últimos Anos da Escravatura no Brasil. Rio de Janeiro, Civilização Brasileira, 2. ed. 1978. p. 96. *In*: SALLES, Ricardo. **Guerra do Paraguai**: escravidão e cidadania na formação do exército. Rio de Janeiro: Paz e Terra, 1990. p. 63.

[288] SALLES, Ricardo. **Guerra do Paraguai**: escravidão e cidadania na formação do exército. Rio de Janeiro: Paz e Terra, 1990. p. 63.

[289] IZECKSOHN, Vitor. O Recrutamento de Libertos para a Guerra do Paraguai: considerações recentes sobre um tema complexo. **Revista Navigator**: subsídios para a história marítima do Brasil, Rio de Janeiro, v. 11, n. 21, p. 96-110, 2015, p. 104.

[290] SALLES, Ricardo. **Guerra do Paraguai**: escravidão e cidadania na formação do exército. Rio de Janeiro: Paz e Terra, 1990. p. 75.

por meio do *Imprensa Evangélica* o reconhecimento do lugar desta guerra no processo de libertação dos escravizados, tal como fizeram quando escreveram sobre a Guerra de Secessão.

Para Ricardo Sales (1990), a participação dos libertos na guerra teria gerado na sociedade brasileira uma contradição que resultaria numa crise que fomentaria a luta abolicionista e os ideais republicanos que minariam as bases do Império. Segundo Sales:

> Nesse sentido é que a presença do escravo como Voluntário da Pátria e Herói Nacional, assim mesmo, com as maiúsculas que o respeito da época lhes conferia, contribui para minar a estrutura social escravista, ao ser uma manifestação da contradição entre a estrutura político-jurídica liberal do Império e sua base escravocrata.[291]

Em estudos recentes, o historiador Vitor Izecksohn demonstrou que o movimento para a participação dos escravizados na guerra partiu muito mais de um esforço do governo. Ou seja, as demandas da guerra não mobilizaram os escravizadores em favor de uma luta nacional a ponto de renunciarem a um humano tido como propriedade. Segundo Izecksohn:

> Cinquenta e seis por cento de todos os indivíduos emancipados provieram de doações imperiais, da Casa Imperial, das Fazendas Imperiais ou de instituições fortemente relacionadas ao Estado, como a Igreja. Metade das contribuições privadas proveio de substituições. As doações privadas representaram somente dois por cento de todos os esforços de recrutamento. A má vontade dos fazendeiros para contribuir com escravos pode ser atribuída à crise permanente, decorrente do fim do tráfico internacional, na década anterior.[292]

Para Izecksohn, o envolvimento da monarquia com a guerra gerou um desgaste dos grandes proprietários e da Igreja com o governo, o que contribuiu para a sua desestabilização. Além do número de libertos ter sido bem inferior ao esperado no início da guerra, os ex-combatentes sofriam

---

[291] SALLES, Ricardo. **Guerra do Paraguai**: escravidão e cidadania na formação do exército. Rio de Janeiro: Paz e Terra, 1990. p. 74.

[292] IZECKSOHN, Vitor. O Recrutamento de Libertos para a Guerra do Paraguai: considerações recentes sobre um tema complexo. **Revista Navigator**: subsídios para a história marítima do Brasil, Rio de Janeiro, v. 11, n. 21, p. 96-110, 2015. p. 104.

restrições e controles institucionais que "impediam que a sua experiência militar se tornasse um elemento chave na luta imediata pela abolição"[293].

Além dos alforriados, vários homens nascidos livres participaram da guerra, sejam voluntários ou convocados. Para incentivar a participação voluntária e tentar solucionar os problemas decorrentes do recrutamento diante das tensões entre o uso de mão de obra livre e escrava no avanço da civilização dentro da nação brasileira, o governo lançou a campanha dos Voluntários da Pátria, criada pelo Império do Brasil para arregimentar combatentes contra o Paraguai, que não passou despercebida pelo *Imprensa Evangélica*.

A vida cristã também foi comparada ao campo de batalha e o cristão ao soldado. Numa analogia com o programa *Os Voluntários da Pátria*, o periódico *Imprensa Evangélica* divulgou um guia de orientações para os voluntários cristãos ardentes com a missão de expandir o *Reino de Jesus Cristo no Brasil*. Nesse guia, passagens do Antigo Testamento que se referem à preparação para um campo de batalha real são tratadas como metáforas e aplicadas de maneira espiritual à vida dos cristãos. E os fragmentos neotestamentários, que tratam a guerra como metáfora, também foram aplicados pelos presbiterianos de forma semelhante. O periódico também estabeleceu uma comparação de modo a convidar os cristãos a atuarem voluntariamente nas batalhas espirituais: "Se nós, que somos a luz do mundo, não combatermos as trevas, se nós entregamos a nosso repouso e a nossa vida doméstica, quem defenderá a nossa pátria, o *Reino dos Céus*?".[294] Portanto, assim como o retorno dos voluntários da guerra do Paraguai deveria ser motivo de alegria, aqueles que batalhavam em favor do avanço do *Reino de Deus* seriam recebidos com alegria do céu.

Nas guerras, a tensão entre o "nós" e o "vós" é agravada, os limites são claramente demarcados e o "outro" é facilmente anulado, não sendo reconhecido como um semelhante. Resta saber como uma religião, cuja antropologia teológica prevê a unidade entre os seres humanos — todos reconhecidos enquanto imagens de Deus distorcidas pelo pecado e igualmente necessitados da sua graça salvífica — posicionou-se frente à anulação do "outro" diante de uma guerra entre nações em formação.

---

[293] IZECKSOHN, Vitor. O Recrutamento de Libertos para a Guerra do Paraguai: considerações recentes sobre um tema complexo. **Revista Navigator**: subsídios para a história marítima do Brasil, Rio de Janeiro, v. 11, n. 21, p. 96-110, 2015. p. 106.

[294] *Imprensa Evangélica*. Rio de Janeiro: Typographia Perseverança, v. 2, n. 4, 1 de agosto de 1868. p. 8.

Ao noticiar a Guerra do Paraguai, o periódico enfatizou a superioridade dos brasileiros em relação aos paraguaios. Para que o Brasil tivesse condições de dedicar -se às questões internas, como aquelas relacionadas à abolição, seria necessário a finalização da guerra, o que, apesar das expectativas de vitória rápida, ocorreu apenas em 1870.[295]

A partida do imperador Dom Pedro II para o Rio Grande do Sul é apresentada pelo jornal como um grandioso ato de patriotismo. A guerra, mesmo com as suas atrocidades, levaria a nação a despertar um sentimento glorioso de identidade nacional, assim como aconteceu com a Guerra Civil dos Estados Unidos.

> A guerra é sempre uma terrível calamidade. Mas a história atesta, que nas provocações da guerra é que as melhores qualidades nacionais se desenvolvem. Não sabemos ainda se tal sucederá entre nós. Não vemos ainda as condições necessárias para este resultado. A desconfiança é ainda a política reinante. Correm boatos aterradores entre o povo, que os escuta e acredita por falta de esclarecimentos oficiais. Se há falta de disciplina e de boa organização no exército, ninguém disso há de admirar-se a vista de falta de boa inteligência entre o Governo e a nação, e da letargia, a que o espírito público parece estar entregue.[296]

Termos elogiosos dirigidos ao imperador continuam sendo empregados pelo periódico no intuito de engrandecer os brasileiros em relação aos paraguaios, demonstrando a nobreza do líder do seu povo ao envolver-se diretamente com a guerra, administrando-a de modo responsável e retornando do campo de batalha com a cabeça erguida.[297]

O desgaste da guerra violenta seria compensado pelo seu resultado final, tornando a nação brasileira mais unificada e os seus cidadãos mais cônscios das suas qualidades nacionais então aperfeiçoadas. Ou seja, a guerra desempenha, na perspectiva presbiteriana, um evento significativo na formação da unidade política de um povo que está se constituindo enquanto nação, portanto, da formação da identidade dos indivíduos que dela participam.

Por outro lado, apesar de reconhecer a superioridade do governo republicano em relação ao governo monárquico, a preocupação com a

---

[295] *Imprensa Evangélica*. Rio de Janeiro: Typographia Perseverança, v. 2, n. 9, 5 de maio de 1866. p. 8.

[296] *Imprensa Evangélica*. Rio de Janeiro: Typographia Perseverança, v. 1, n. 18, 16 de agosto de 1865. p. 8.

[297] *Imprensa Evangélica*. Rio de Janeiro: Typographia Perseverança, v. 1, n. 22, 14 de outubro de 1865. p. 4.

mudança de tal estrutura política não constitui um alvo dos presbiterianos envolvidos na redação do *Imprensa Evangélica*. Coube ao periódico o dever de apresentar os princípios sobre os quais os sistemas políticos deveriam tomar como base. Portanto, os "grandes feitos" do imperador e de todas as instâncias de poder na monarquia brasileira, inclusive durante a guerra, foram notados, interpretados e difundidos pelos presbiterianos. Também, as suas "ingerências" são denunciadas, como veremos no capítulo posterior.

Mais uma vez, o periódico louvou à iniciativa do imperador. Agora por ele convocar a população por meio de um chamado voluntário e não obrigatório. Se tratava da Lei do Voluntarismo. Isso mostrava que o governo não estava impondo deveres ao povo, mas que, como representante do povo que forma a pátria, busca a manutenção da sua segurança a partir o exercício do direito do povo que compõe a nação.[298]

Em contraste à figura do imperador do Brasil, o jornal depreciou a imagem do líder paraguaio, apresentado como um ditador. A metáfora da guerra a partir do caso dos voluntários para a Guerra do Paraguai foi usada novamente pelos presbiterianos. Desta vez, com uma analogia mais direta entre Francisco Solano López e o Diabo. O objetivo era o de lembrar aos cristãos que todo mal personificado na pessoa de López não estava presente apenas nos campos de batalha da Guerra do Paraguai, mas estava em todos os lugares. Seria ele o maior inimigo dos homens, o responsável pela deflagração de todas as guerras. A crença na ressureição seria um elemento de encorajamento tanto à batalha espiritual da vida cristã como à batalha real entre os seres humanos, desde que o combatente esteja ao lado da justiça e mantenha seu olhar fixado a esperança por vir.

> Quando nada nos falta, quando temos a certeza de que não morreremos nesse combate, e que, ainda quando morramos *ressuscitaremos em carne e osso*, é certamente uma grande covardia, deixarmos a Deus a defesa de sua causa, deixarmos nossos irmãos espalhados pelo mundo sucumbirem ao império da tirania dos Lopez; assistirmos impassíveis aos desgostos que trazem acabrunhada a sociedade dos homens. O homem que se diz cristão e que, impávido, vê atacado o reino dos céus, deve ter pejo de si mesmo: esse vive na terra de empréstimo, é um parasita que não participa do solo, não frutando a seiva da árvore a que está pegada.[299]

---

[298] *Imprensa Evangélica*. Rio de Janeiro: Typographia Perseverança, v. 1, n. 9, 4 de março de 1865. p. 1.

[299] *Imprensa Evangélica*. Rio de Janeiro: Typographia Perseverança, v. 4, n. 15, 1 de agosto de 1868. p. 6.

A guerra mobilizada para combater o governo tirano de Lopez deveria ser compreendida como justa, como uma causa a ser vencida para o próprio Deus. Os homens empregados nessa causa seriam devidamente compensados por Deus. Os cidadãos do *Reino de Deus* e peregrinos no Império do Brasil deveriam considerar com seriedade o trabalho que o próprio Deus estava fazendo entre outras nações, inclusive usando, por meio da "providência", os eventos traumáticos iniciados pela ação maligna do Diabo.

> O nosso Deus é o mesmo Deus dos Chins, e dos Turcos; dos gregos e dos Romanos; dos Bárbaros e dos Scythas. Aquele que adora a Fó, ou a Vudús, ou a jacarés é feito pelo mesmo Deus que nos fez a nós; [...] arranquemos as nossas almas e as almas de nossos irmãos das trevas que os corrompem: - purifiquemos a atmosfera em que vivemos com o odor da vida que é em Cristo Jesus. [...] a vitória já a temos de antemão na nossa fé, no nosso general, o Senhor Jesus Cristo. Eis, pois, filhos da ressurreição — avante![300]

Temos duas implicações para a crença de que Deus havia criado todos os povos iguais: 1) os brasileiros não deveriam temer a *barbaridade* ou falta de *civilidade* dos paraguaios; e 2) Deus deseja que todas as nações sejam abençoadas com a expansão do seu reino sobre a Terra, mesmo que para isso seja necessário utilizar a guerra.

A Lei do Voluntarismo, contudo, não extinguiu o recrutamento obrigatório, que, por sua vez, foi muito recorrente na Guerra do Paraguai, de modo que "creditar aos voluntários a constituição dos batalhões é uma tremenda injustiça para com os inúmeros forçados a engrossar as fileiras do Exército e da Armada"[301]. Os recrutamentos não costumavam seguir um critério. Muitas vezes, os convocados eram oposição política aos que estavam no poder de uma certa região. Tais recrutamentos atingiam livres e escravizados. Estes podiam ser recrutados sem o consentimento do seu senhor, o qual depois da guerra reivindicava o direito à sua propriedade, mesmo que este tenha se tornado um herói durante o combate[302].

Para o periódico *Imprensa Evangélica,* havia limites na aplicação da campanha dos *Voluntários da Pátria.* O perigo de tal convocação volun-

---

[300] *Imprensa Evangélica.* Rio de Janeiro: Typographia Perseverança, v. 4, n. 15, 1 de agosto de 1868. p. 7.

[301] DE SOUSA, Jorge Prata. **Escravidão ou Morte:** os escravos brasileiros na Guerra do Paraguai. Rio de Janeiro: Muad: Adesa, 1996. p. 112.

[302] DE SOUSA, Jorge Prata. **Escravidão ou Morte:** os escravos brasileiros na Guerra do Paraguai. Rio de Janeiro: Muad: Adesa, 1996. p. 66-67.

tária estaria na pressuposição da moralidade, educação e patriotismo do povo, o que nem todo povo tem, e pelo fato do Brasil estar numa transição para a modernidade e o progresso. Para garantir o sucesso das convocações voluntárias, seria necessário garantir escolas públicas, liberdade de expressão e liberdade religiosa.[303]

O jornal ressaltou a importância da substituição da mão de obra escravizada pela livre. Neste processo, contudo, o negro não foi considerado. Não foi relatado no periódico que a substituição aconteceria pela incorporação dos alforriados ao trabalho assalariado, mas pela recepção de imigrantes europeus e estadunidenses. Tais grupos são apresentados no periódico como as raças mais aperfeiçoadas e cultas. De acordo com o Dr. Furquim de Almeida, sem uma larga torrente da emigração seria difícil fugir dos males previstos para o futuro da economia do país. Contudo, seria imprescindível oferecer aos colonos além de condições favoráveis de trabalho, liberdade cultural e religiosa.[304] O pressuposto da igualdade entre os homens fundamentava-se nos textos sagrados e sinalizava-se por evidências científicas nos manuais teológicos, porém, parece encontrar um limite de aplicação. Os europeus e estadunidenses são apontados como homens mais inclinados ao progresso e ao desenvolvimento da civilização. O artigo não entra com explicações detalhadas sobre o motivo que levam estes grupos humanos a serem mais valorosos, isto é, não esclarece se é por motivos naturais ou por uma construção sociocultural realizada ao longo da história. Contudo, os eescravizados libertos não encontram lugar efetivo na construção dessa nação que marcha em direção ao progresso. A expectativa de libertação dos escravizados expressa no *Imprensa Evangélica* não fora acompanhada de uma projeção de sociedade que contemplasse o negro livre em sua construção.

De modo semelhante ao *Imprensa Evangélica*, o periódico católico *O Apóstolo* reconheceu em inúmeras notícias a validade do envolvimento do Império do Brasil na luta contra os "bárbaros" paraguaios[305], assim como reconheceu, em alguns momentos, a importância das conquistas da Guerra de Secessão para as condições de trabalho nos Estados Unidos.

---

[303] *Imprensa Evangélica*. Rio de Janeiro: Typographia Perseverança, v. 1, n. 9, 4 de março de 1865. p. 1.

[304] *Imprensa Evangélica*. Rio de Janeiro: Typographia Perseverança, v. 4, n. 2, 1 de agosto de 1868. p. 6.

[305] *Imprensa Evangélica*. Rio de Janeiro: Typographia Perseverança, v. 4, n. 2, 1 de agosto de 1868. p. 6.

Imprensa Evangélica. Rio de Janeiro: Typographia Perseverança, v. 7, n. 2, 25 de março de 1866.

O Apóstolo. Rio de Janeiro: Typographia N. L. Viana e Filhos, v. 1, n. 11, 18 de março de 1866.

O Apóstolo. Rio de Janeiro: Typographia do Apóstolo, v. 3, n. 32, 9 de agosto de 1868.

Neste caso, o periódico católico chama a atenção para a inserção do negro numa economia de trabalho livre:

> No Estado de Geórgia floresce a agricultura, como nunca se vivo, aumentam os edifícios, improvisam-se cidades, nota-se uma animação portentosa, corre o dinheiro abundantemente nas mãos dos trabalhadores e dos donos dos distritos agrícolas e manufatureiros, e as suas relações são tão amigáveis e benévolas, quanto parece que podem existir entre amos e criados. Os trabalhadores recém-emancipados trabalham fiel e dedicadamente; são felizes; estão bem mantidos, convenientemente vestidos, e contentes.[306]

Na comparação da Guerra do Paraguai com a Guerra de Secessão, o jornal *Imprensa Evangélica* afirmou a importância da oração levantada no meio da nação para que Deus intervenha em seu favor. "Festas, missas e outras solenidades prescritas pela rubrica do Breviario não faltam, mas não há culto algum espontâneo e real em que se faça menção das coisas que são de primeira necessidade para o país".[307] Assim, os presbiterianos contrastam a presença da oração na formação das nações diante dos eventos traumáticos. De um lado, uma nação protestante capaz de identificar as motivações divinas no desenrolar dos acontecimentos, tendo a oração como caminho para aprender com Deus no seu interferir na história da humanidade, e do outro, na nação católica, incapaz de aprender com Deus no sofrimento do seu povo.

3.4 O Risorgimento italiano e o anticatolicismo

A despeito dos pontos de semelhança entre as ideias básicas do Cristianismo, houve na inserção do protestantismo brasileiro um grande embate entre católicos e protestantes. Desde a primeira metade do século 19, é verificado nos Estados Unidos um trabalho de unificação entre as denominações protestantes no intuito de combater as ideias católicas que avançavam em decorrência das migrações de grupos, dentre eles os franceses, irlandeses e alemães católicos. Na luta contra o avanço dos ideais da Igreja Católica, tidos como obscurantistas e medievais, se fez presente nas missões realizadas pelas igrejas estadunidenses a preocupação com a conversão dos católicos ao protestantismo e a transplantação cultural,

---

[306] *O Apóstolo*. Rio de Janeiro: Typographia do Apóstolo, v. 5, n. 51, 11 de dezembro de 1870. p. 7.

[307] *Imprensa Evangélica*. Rio de Janeiro: Typographia Perseverança, v. 3, n. 6, 16 de março de 1867. p. 8.

ou a exportação, do *american way of life*[308]. Ainda, de acordo com Antônio Gouvêa Mendonça, as missões protestantes tiveram o Brasil e os países católicos como os seus principais alvos.

O conflito entre católicos e protestantes ganha uma atenção especial nos noticiários sobre a guerra do Risorgimento italiano, que apresentam reflexões acerca do lugar da religiosidade na formação da identidade do indivíduo, da constituição das suas qualidades e dos valores que formariam os homens e as nações civilizadas.

Para João Calvino, o sentimento religioso faz parte da formação humana e era uma realidade universal aplicada a todos os seres humanos, sendo impossível a prática de um ateísmo real.[309] Entretanto, para o reformador, existe apenas uma religião agradável a Deus. Não necessariamente uma instituição religiosa, mas um único caminho para se viver a verdadeira religião. O caminho é apresentado ao homem pela revelação especial, uma vez que a revelação natural, mesmo dando indícios da existência exclusividade do único Deus, não é suficiente para apontar o caminho da salvação, sendo suficiente apenas para tornar o homem cônscio da sua maldade, culpa, e necessidade de Deus. Todas as religiões baseadas fora da revelação especial, ou seja, da Bíblia, seriam abomináveis ao Espírito Santo.[310]

O jornal *Imprensa Evangélica* reiterou o posicionamento calvinista de que as religiões baseadas em interpretações não convencionais da bíblia, isto é, abalizadas em outros livros sagrados ou mesmo na razão humana, além de uma abominação ao Espírito Santo, foram encaradas pelos presbiterianos que atuaram no Império do Brasil como entraves ao *Reino de Deus*, ao progresso e à modernidade. Logo, elas deveriam ser minadas. Tais presbiterianos acreditavam que neste mundo, "Restam ainda as fortalezas do paganismo: o Confucionismo, Budismo, Hinduísmo e Maometismo ainda escravidão milhões; no Brasil os obstáculos ao progresso da igreja cristã, como romanismo, escravidão, espiritismo, positivismo e indiferença"[311].

Como bem observou Medeiros,[312] o periódico *Imprensa Evangélica* pouco se dedicou ao confronto das religiões acatólicas presentes no Bra-

---

[308] MENDONÇA, Antônio Gouvêa. **O Celeste porvir**: a inserção do protestantismo no Brasil. São Paulo: Editora da Universidade de São Paulo, 2008. p. 115-118.

[309] CALVINO, João. **As Institutas da Religião Cristã**. São Paulo: Ed. Unesp, 2009. Cap. 3. 1.

[310] CALVINO, João. **As Institutas da Religião Cristã**. São Paulo: Ed. Unesp, 2009. Cap. 5. 13.

[311] *Imprensa Evangélica*. São Paulo: Typographia King, v. 22, n. 5, 30 de janeiro de 1886. p. 6.

[312] MEDEIROS, Pedro Henrique Cavalcante de. **Pelo progresso da sociedade**: a imprensa protestante no Rio de Janeiro Imperial (1864-1873). Dissertação (Mestrado em História) – Universidade Federal Rural do Rio de

sil. O caso dos judeus, espíritas, religiões afro, e outras manifestações religiosas praticadas em terras brasileiras, mesmo que em alguns casos mencionadas, não resultaram em artigos apologéticos ou em longos debates na imprensa, como aconteceu com o caso católico. Em 1868, porém, o periódico lançou uma série de oito artigos contra as religiões pagãs e seus ídolos, considerando tanto os casos da antiguidade como contemporâneos, sobretudo os casos orientais e africanos, mas também incluindo o catolicismo romano.

Mesmo reconhecendo as inúmeras religiões a serem combatidas, por se tratar de uma nação predominantemente católica, no Brasil, os presbiterianos atacaram principalmente a Igreja Católica Apostólica Romana, especialmente os ultramontanos.[313] Apesar de considerarem o islamismo uma religião muito mais perigosa à civilização que o catolicismo romano, os presbiterianos partiam da premissa de que a instituição católica não ensinava preceitos básicos do cristianismo genuíno, necessários à salvação da alma, e, por isso, os seus adeptos precisavam ser alcançados pelas missões evangélicas.[314]

Enquanto o *Imprensa Evangélica* combate o catolicismo tomando como argumento as atrocidades cometidas pela Igreja Católica no combate pelos territórios de Roma, o periódico *O Apóstolo* fala da vitória da Santa Sé e da França como "scenas gloriosas" que tornarão a repetir-se caso as nações civilizadas não aceitem a autoridade máxima do Sumo Pontífice e a centralidade da Santa Igreja na senda do progresso.[315]

Na Itália, denomina-se Risorgimento (ressurgimento) o processo de unificação dos diversos estados que dividiam a península itálica no século 19. A expressão "ressurgimento" revela o despertar da consciência nacional a partir da revitalização da cultura clássica que havia se expandido por toda a Europa entre os séculos 14 e 15. É importante lembrar que, em 1815, no Congresso de Viena, logo após a derrota de Napoleão, a península foi dividida entre: o Império Austríaco dos Habsburgos; o Reino de Piemonte-Sardenha da Casa de Sabóia; os Estados Pontifícios papais; e o

---

Janeiro, Seropédica, 2014. p. 84.

[313] Para Dollinger, "A alma do ultramontanismo é a defesa do poder ilimitado da igreja". DOLLINGER, Johann Joseph Ignaz Von. **O papa e o Concílio**. Tradução: Rui Barbosa. Rio de Janeiro: Brown & Evaristo, 1877. p. 30.
A versão com tradução e introdução de Rui Barbosa era divulgada no periódico *Imprensa Evangélica Imprensa Evangélica*. São Paulo: Typographia King, v. 20, n. 9, 4 de outubro de 1884. p. 1.

[314] *Imprensa Evangélica*. Rio de Janeiro: Typographia Perseverança, v. 2, n. 9, 5 de maio de 1866. p. 3.

[315] *Imprensa Evangélica*. Rio de Janeiro: Typographia Perseverança, v. 4, n. 9, 1 de março de 1868. p. 8.

Reino das Duas Sicílias sob a monarquia dos Bourbons. Contudo, com a restauração do absolutismo, os monarcas passaram a enfrentar os ímpetos revolucionários que já ameaçavam a América Latina e a Europa.[316]

A Primeira Guerra da Independência contra o Império Austríaco foi declarada no ano de 1848, no reino de Piemonte. Em 1849, sob a liderança de Mazzinni, foi proclamada a República Romana. Um ano depois, a mesma república foi defendida por Garibaldi contra as tropas de Napoleão III. No ano de 1852, por meio de uma aliança com a França e a Grã-Bretanha e com o apoio de Napoleão III, o conde de Cavour venceu a Segunda Guerra da Independência (1859-1861), anexando os territórios da Lombardia, Parma, Modena, Emília-Romana e Toscana, em troca de Nice e da Sabóia para a França. Em 1860, Garibaldi dominou o Reino das Duas Sicílias. Apesar de sua meta ser, sobretudo, conquistar Roma, o personagem entrega o reino conquistado a Vítor Emanuel II, que, em 1861, concretiza a unificação italiana com a criação do Reino da Itália. O processo da unificação termina com a Terceira Guerra da Independência (1886) que anexa Veneza, e com a conquista definitiva de Roma em 1870.

Conforme Don H. Doyle em sua obra *Nations Divided*, o processo de construção da Itália pode soar menos agradável do que nos Estados Unidos, visto que o território italiano se caracterizava por uma fragmentação cultural e linguística[317].

Portanto, o desafio primeiro do Risorgimento foi criar, literalmente, uma língua e identidade comuns aos povos do Norte e do Sul. Além de almejar uma identidade nacional, os líderes nortenhos buscaram novas estratégias populares para legitimar o novo Estado. Doyle[318] mencionou que os líderes políticos tentaram alistar os cidadãos no que ele intitula "nova religião civil do nacionalismo". Um claro exemplo é o estabelecimento, em 1861, do Dia da Constituição — feriado nacional para celebrar o estatuto de 1848 que antecedeu a fundação da Itália moderna e marcou a hegemonia do Piemonte. Outro feriado foi estipulado para alimentar essa tradição inventada: o primeiro domingo de junho foi estipulado feriado nacional.

---

[316] DOYLE, Don H. **Nations Divided**: America, Italy, and the Southern Question. Athens: University of Georgia Press, 2002. p. 42.

[317] Aproximadamente apenas 2,5% da população, em 1860, creia que falava e compreendia o italiano, ou seja, o dialeto da Toscana que se tornou a língua padrão para os italianos instruídos.
DOYLE, Don H. **Nations Divided**: America, Italy, and the Southern Question. Athens: University of Georgia Press, 2002. p. 44, tradução nossa.

[318] DOYLE, Don H. **Nations Divided**: America, Italy, and the Southern Question. Athens: University of Georgia Press, 2002. p. 45.

Doyle[319] destacou que a escolha do domingo foi uma tentativa de fundir sentimentos seculares e religiosos, porém, insatisfeito com tais ações, o Papa Pio IX denunciou ao povo a iniciativa nacional liberal convidando os seus seguidores a irem à igreja no domingo dia 23. Além disso, excomungou o governo do Estado italiano e advertiu os católicos a não votarem em eleições estatais, nem apoiarem o Estado. Sabe/se que o Estatuto fracassou, pois, além de encontrar a resistência da Igreja, não envolveu os cidadãos, tornando/se apenas um desfile pomposo de militares e funcionários do governo.

Uma das dificuldades desse processo de unificação estava na interferência da Igreja Católica Apostólica Romana nos territórios da península itálica, possuindo, além de grandes propriedades, poder de interferir sobre as questões políticas. Um confronto, então, se estabelecia entre os unificadores da Itália e da Santa Sé.

Guiseppe Garibaldi (1807-1882), um dos líderes mais conhecidos do Risorgimento, como notado pelo *Imprensa Evangélica* como dos responsáveis pela explosão que abalou o poder temporal de Roma, um dos últimos entraves ao progresso da humanidade.

> Recordemos alguns exemplos. Durante os séculos de trevas os reinos do mundo eram política bem como espiritualmente escravizados á igreja romana. O Vaticano dirigiu os destinos dos impérios. Os reis, os príncipes e os governadores deviam o poder a vontade do papa. A seus pés caiam de joelhos as nações da terra, submetendo-se à tirania hierárquica. Viu a Reforma a explosão que abalou até os fundamentos o poder temporal de Roma, embora seja somente em nossos dias que os soldados de Garibaldi e Victor Emanuel removeram os seus últimos vestígios.[320]

Para os presbiterianos, a causa da Guerra Civil na Itália partia da própria Igreja Católica, que insistia em dominar sobre uma terra e um povo que não lhe pertencia.

> Pio IX que se vangloria da tomada de Roma pelos franceses, trabalha incessantemente para ver a França em situação de lhe prestar outros iguais serviços; e é por isso que existem a restauração bourbonica clerical, as reuniões, de obreiros católicos e as romarias, verdadeiros focos da guerra civil.[321]

---

[319] DOYLE, Don H. **Nations Divided**: America, Italy, and the Southern Question. Athens: University of Georgia Press, 2002. p. 46.

[320] *Imprensa Evangélica*. São Paulo: Typographia King, v. 22, n. 5, 30 de janeiro de 1886. p. 6.

[321] *Imprensa Evangélica*. Rio de Janeiro: Typographia Perseverança, v. 9, n. 24, 20 de dezembro de 1873. p. 6.

Uma crítica ácida é dirigida ao papa Pio IX por ele alegar que deposita a sua fé em Cristo, mas depende do exército de mercenários para se proteger do avanço da Itália[322]. "Por temer os enraivecidos que tem declarado guerra à Igreja Católica, Pio IX transfere a sede da Igreja para Santa Catharina"[323]. O sumo pontífice, ao invés de ser encarado enquanto líder da Igreja e guia dos homens, foi apresentado no *Imprensa Evangélica* como um sanguinário, contrariando o que, para os presbiterianos, seria exemplo de Cristo, que no lugar de combater seus inimigos, verteu seu sangue para favorecê-los. Ao anunciarem a Batalha de Montana, ressaltam a morte de mais de três mil homens e a crueldade do papa:

> Pio IX diz se o pai dos cristãos; pois, um pai não destrói e devora seus filhos, sacrificasse por eles. Mas, se os filhos se rebelam contra o pai? Seria isso uma grande cegueira, uma fatal desgraça; mas, um mal não pôde curar-se com outro maior. O pai não pode ter direito algum para esquartejar o filho rebelde; deve usar todos os meios para esclarecê-lo, e arriscar todos os esforços para trazê-lo ao caminho da honra, e ao cumprimento dos deveres filiais.[324]

O papa Pio IX declara uma guerra à civilização e às liberdades modernas ao dirigir ao São Pedro de Arbues uma súplica pública, um padre conhecido por empenhar-se na inquisição, matando assim inúmeras pessoas durante o século 15. O redator do periódico argumenta com o texto bíblico de *Apocalipse 22:15* que um homicida jamais poderá entrar na cidade santa.[325]

Outras críticas ao Pio IX foram levantadas contra a sua encíclica *Quanta Cura*, promulgada em 1864[326], apresentada como um "grito de guerra contra todas as liberdades, tanto dos reis como dos povos"[327].

Por uma citação de uma folha estrangeira, é apresentada a polêmica quanto aos efeitos do tratado. Enquanto alguns se regozijam por considerarem que ela contribui para a unificação da Itália, outros demonstram

---

[322] *Imprensa Evangélica*. Rio de Janeiro: Typographia Perseverança, v. 2, n. 3. 1 de fevereiro de 1866. p. 8.

[323] *Imprensa Evangélica*. Rio de Janeiro: Typographia Perseverança, v. 2, n. 10, 19 de maio de 1866. p. 4.

[324] *Imprensa Evangélica*. Rio de Janeiro: Typographia Perseverança, v. 4, n. 1, 4 de janeiro de 1868. p. 4.

[325] *Imprensa Evangélica* Rio de Janeiro: Typographia Perseverança, v. 3, n. 17, 7 de setembro de 1867. p. 4.

[326] PIUS IX. **Quanta Cura.** Lettera Encyclica Die VIII. Decembris Anno 1864. Amsterdam: Van Langenhuysen, 1864.
PIUS IX. Epistola Encyclica Data Die VIII. Decembris MDCCCLXIV. Ad Omnes Catholicos Antistites Unacum Syllabo Praecipuorum Aetatis Nostrae Errorum et Actis Pontificis Ex Quibus Excerptus Est Syllabus. Accedit Appendix. Ratisbonae: F. Pustet, 1865.

[327] *Imprensa Evangélica*. Rio de Janeiro: Typographia Perseverança, v. 1, n. 15, 3 de julho de 1865. p. 1.

descontentamento. Para um terceiro grupo, mais liberal, o documento diplomático significa a consagração do poder temporal do papa e a renúncia de ter Roma como capital[328].

Transcrevendo o *Correio Mercantil,* o periódico procura demonstrar que as forças do catolicismo estão sendo minadas pelos protestantes, padres liberais e livres pensadores, ou franco-maçons e outros.[329]

Mesmo considerando a Espanha uma nação fechada aos ideais progressistas, o redator chama atenção para o fato de ela não deixar de perceber a importância do processo de unificação da Itália para a história da humanidade.

> Mas é duro renunciar uma vez para sempre a esperança de ser alguma cousa mais que um viveiro de frades e freiras. A civilização moderna é tão ruidosa, que não há canto por melhor fechado que seja, onde não se possa ouvir a sua marcha, e até os mortos se movem em seus sepulcros.[330]

Mais uma vez, uma matéria do *Correio Mercantil* foi transcrita no intuito de mencionar que o reconhecimento não foi aceito passivamente na Espanha, onde muitos grupos se posicionaram contra a decisão real. Enquanto isso, em Roma, o papa convocava um exército com mil mercenários.

O objetivo de praticamente a maior parte dos artigos sobre a Igreja Católica ou sobre os conflitos na Itália é demonstrar o quanto a Igreja romana promove o atraso da civilização por não instruir a população dos locais em que atua, resultando numa elevada taxa de analfabetismo.[331]

> Os cristãos, porém, estendem a sua contemplação mais além, reconhecendo aqui o dedo de Deus, o qual de tempos em tempos suscita os instrumentos mais aptos para levar a efeito os seus desígnios, e encaminha seus passos com a mão tão eficaz, porém oculta, que eles mesmo admiram-se de seu destino excepcional por seus grandes resultados.[332]

Com a retirada das tropas francesas, o jornal apresenta uma expectativa de paz entre a Itália e o papado. Ao transcrever um discurso de Victor

---

[328] *Imprensa Evangélica.* Rio de Janeiro: Typographia Perseverança, v. 1, n. 2, 19 de novembro de 1864. p. 8.

[329] *Imprensa Evangélica.* Rio de Janeiro: Typographia Perseverança, v. 1, n. 3, 3 de dezembro de 1864. p. 8.

[330] *Imprensa Evangélica.* Rio de Janeiro: Typographia Perseverança, v. 1, n. 22, 16 de setembro de 1865. p. 5, 8.

[331] *Imprensa Evangélica.* Rio de Janeiro: Typographia Perseverança, v. 1, n. 24, 21 de outubro de 1865. p. 6.

[332] *Imprensa Evangélica.* Rio de Janeiro: Typographia Perseverança, v. 1, n. 27, 2 de dezembro de 1865. p. 7.

Manoel, que defende uma posição moderada para o casamento civil e religioso, tornando a religião na Itália um exercício livre, sujeito apenas à consciência e não às pressões do governo.[333]

Desta vez, uma notícia do jornal *Correio da Europa* foi transcrita *pelo Imprensa Evangélica*. Para o *Correio da Europa*, o papa havia deixado de lado as questões espirituais pelas questões materiais, inclusive trocando as suas vestes religiosas pelas armas de um soldado. Ao invés de Sumo Pontífice, o papa foi reconhecido como um general. Para que deixasse de ser uma instituição caduca, o cristianismo deveria ser tratado como crença que só pode florescer diante da liberdade de consciência e pensamento.

> Qualquer igreja que persistir em persistir no seu propósito de fazer uma guerra de morte à sociedade, ocupada em constituir-se sobre as bases liberais, o resultado não se fará esperar. Ella ha de sucumbir, e sobre as suas ruinas se levantará outras, inspiradas em melhor espírito.[334]

A Igreja Católica deveria retornar aos ensinamentos de Cristo, segundo o qual o poder temporal, também instituído por Deus, deveria ser respeitado. Enquanto os seus seguidores trataram das questões do outro mundo, das questões espirituais, dando, desta forma, a César o que é de César e a Deus o que é de Deus.[335]

Percebemos que a Guerra de Secessão foi vista enquanto providência divina, uma vez que expandiu o *Reino de Deus* sobre a Terra, revertendo o derramamento de sangue dos combatentes na libertação de mais de três milhões de escravizados. A Guerra do Paraguai ajudou na definição da identidade nacional e na delimitação territorial, reconhecendo a superioridade de um povo em relação ao seu inimigo. Esta identificação não foi feita apenas pelos brasileiros, mas também pelos estrangeiros residentes no Brasil, inclusive pelos missionários presbiterianos. Identificamos uma tensão entre a afirmação de unidade humana e a marcação das identidades a partir de limites nacionais. Percebemos o lugar do homem religioso no caminho do progresso no conflito Estado-Igreja verificado no Risorgimento italiano, no qual o uso de conceitos antitéticos apresentou o protestante enquanto amigo da modernidade e o católico enquanto inimigo da civilização.

---

[333] *Imprensa Evangélica*. Rio de Janeiro: Typographia Perseverança, v. 2, n. 26, 18 de novembro de 1866. p. 5.

[334] *Imprensa Evangélica*. Rio de Janeiro: Typographia Perseverança, v. 3, n. 22, 16 de novembro de 1867. p. 8.

[335] *Imprensa Evangélica*. Rio de Janeiro: Typographia Perseverança, v. 4, n. 5, 7 de março de 1868. p. 6.

CONSIDERAÇÕES FINAIS

Procuramos, ao longo deste breve trabalho, um caminho para investigar a esperança presbiteriana na formação do protestantismo no Brasil. Verificamos que, ao lançarmos luz sobre os espaços religiosos na modernidade e não apenas sobre os espaços de ação política instituídos oficialmente pelo governo, temos uma alternativa à tese sobre a secularização da expectativa moderna.

Inicialmente, identificamos, por meio de uma revisão bibliográfica e de uma consulta ao jornal *Imprensa Evangélica* e ao *Diário de Simonton*, os lugares sociais alcançados pelo jornal, bem como as funções pretendidas pelos seus organizadores ao distribuí-lo. Seguimos o percurso da pesquisa enfatizando as ideias da instituição difundidas pelo periódico na sociedade do Império do Brasil.

Uma das nossas hipóteses confirmadas ao longo da pesquisa foi a de que, ao estudar um grupo religioso de visão escatológica pós-milenarista, isto é, de visão otimista quanto ao futuro da humanidade antes do retorno de Cristo, teríamos uma leitura diferente sobre a expectativa religiosa no período moderno, dado sua relação com outras expectativas, sejam elas religiosas ou seculares.

Percebemos que o jornal *Imprensa Evangélica* apresentava uma interpretação do Reino Milenar descrito em *Apocalipse* 20 como uma metáfora do Reino Espiritual de Cristo, o qual seria representado pela igreja invisível e universal. Esse Reino se expandiria mediante a pregação e aceitação do Evangelho, resultando na transformação de toda a sociedade.

Apesar de considerar a República como a melhor opção política, o esforço dos presbiterianos estava na tentativa de conciliação do poder vigente com os valores de liberdade e igualdade, considerando o Estado como um dos instrumentos de Deus, mediante o qual seria concedida abertura para a expansão do *Reino de Deus* e a aplicação dos seus valores. As guerras, que também traziam dor e sofrimento aos povos, antes de serem encaradas imediatamente como entraves ao Reino, foram vistas como elementos da "providência divina", de modo que até o diabo, teria suas ações malignas revertidas em um bem maior para a história da humanidade.

Os ensinamentos da Igreja Católica, a monarquia que a reconhecia como uma religião oficial, a restrição da liberdade de outras religiões em âmbito público, a não observância dos valores divinos por parte dos brasileiros, e a falta de cultura letrada que permitisse a livre interpretação da Bíblia eram, na perspectiva do presbiterianismo, os principais entraves para o avanço do *Reino de Deus* e para o progresso no Brasil. Por meio da família, esses entraves poderiam ser superados, o Evangelho expandido e o Reino estabelecido. As autoridades seculares, porém, deveriam atentar um pouco mais para os problemas que atacavam a família, tais como o adultério e os vícios. Nesse sentido, os valores morais evangélicos, apresentados recorrentemente como universais, eram projetados para o espaço público, de modo que sobre as autoridades civis eram feitas cobranças para que fossem aplicadas leis mais rígidas com os objetivos de controlar os costumes e os corpos da população.

Os presbiterianos no Brasil não apenas revisaram os sentidos metafóricos, mas fundaram uma nova concepção de *Reino de Deus* a partir de suas vivências permeadas por debates filosóficos, políticos e religiosos. A tensão proposta por tal metáfora estava no domínio que Deus teria sobre a nação brasileira, apesar de seu governo ter sido monárquico, da sua cultura ter sido considerada "promíscua" e marcada por vícios e da sua religião católica ter sido tratada como pagã.

Na expectativa presbiteriana, com o fim da oficialidade da Igreja Católica sobre a nação brasileira e a quebra da limitação aos cultos públicos protestantes iniciada com o advento da República, o *Reino de Deus* avançaria com mais facilidade sobre os corações anteriormente inalcançados, conquistaria os lares, as ruas, praças e os demais espaços públicos. Nessa perspectiva, as sementes do *Reino de Deus* lançadas no solo do Império do Brasil começariam, portanto, a germinar com a derrocada da monarquia, e floresceriam com a irrigação da liberdade instituída pelo governo republicano. Nessa perspectiva civilizatória, a nação brasileira se inseria dentro da marcha do progresso mundial que trabalharia para a promoção da justiça no mundo e para o adiantamento do *Reino de Deus* em sua plenitude, mesmo que para isso fosse necessário derramar o sangue dos seus contrários naquilo que consideravam guerras justas.

REFERÊNCIAS

ALEXANDER, Archibald. **A Pocket Dictionary of the Holy Bible**: containing a historical and geographical account of the persons and places mentioned in the Old and New Testaments. Philadelphia: American Sunday School Union, 1829.

ALEXANDER, Archibald. **A Brief Compend of Bible Truth**. Philadelphia: Presbyterian Board of Publication, 1846.

ASSEMBLEIA DE WESTMINSTER. **Confissão De Fe De Westminster**. São Paulo: Editora Cultura Crista, 2021.

ASSEMBLEIA DE WESTMINSTER. **Confissão De Fe De Westminster**. Tradução de Filipe Luiz C. Machado e Joelson Galvão Pinheiro. São Paulo: Congregação Puritana Livre, 2013.

BARBOSA, José C. **Negro Não Entra na Igreja**: espia da banda de fora: protestantismo e escravidão no Brasil Império. Piracicaba: Editora Unimep, 2002.

BARNES, Craig. **Princeton Seminary and Slavery**: A Report of the Historical Audit Committee. Princeton: 2019. Disponível em: https://slavery.ptsem.edu/the-report/alumni/. Acesso em: 1 mar. 2023.

BERGER, Peter L. **The Many Altars of Modernity**: Toward a Paradigm for Religion in a Pluralist Age. De Gruyter, Inc, Boston, 2014, doi: 10.1515/9781614516477.

BERGER, Peter Ludwig. **O dossel sagrado**: elementos para uma teoria sociológica da religião. São Paulo: Ed. Paulinas, 1985.

BOARD OF FOREIGN MISSIONS. PRESBYTERIAN CHURCH IN THE UNITED STATE OF AMERICA, v. 2, n. 16. A. G. Simonton a J. C. Lowrie, Rio de Janeiro, 5 de novembro de 1863.

BUARQUE, V. A. C. A especificidade do religioso: um diálogo entre historiografia e teologia. **Projeto História**: Revista do Programa de Estudos Pós-Graduados de História, [s. l.], v. 37, n. 2, 2010.

CALVINO, João. **As Institutas da Religião Cristã**. São Paulo: Ed. Unesp, 2009.

CATROGA, Fernando. **Entre Deuses e Césares**: secularização laicidade e religião civil – uma perspectiva histórica. 2. ed. Coimbra: Almedina, 2010.

CÉSAR, Elben Lenz. **Mochila nas costas, diário na mão**. Viçosa: Ultimato, 2009.

CONFEDERATED SOUTHERN MEMORIAL ASSOCIATION, Sons of Confederate Veterans (Organization), **United Daughters of the Confederacy, and United Confederate Veterans**. Nashville: Confederate Veteran Published Monthly In the Interest of Confederate Veterans And Kindred Topics, 1904.

CONRAD, Robert. **Os Últimos Anos da Escravatura no Brasil**. 2. ed. Rio de Janeiro: Civilização Brasileira, 1978.

SALLES, Ricardo. **Guerra do Paraguai**: escravidão e cidadania na formação do exército. Rio de Janeiro: Paz e Terra, 1990.

CRUZ, Karla Janaina Costa. **Cultura impressa e prática leitora protestante no oitocentos**. Tese (Doutorado em Linguística e Ensino) – Universidade Federal da Paraíba, João Pessoa, 2015. p. 110.

DABNEY, Robert Lewis. **Ecclesiastical Relation of Negroes**: Speech of Robert L. Dabney, in the Synod of Virginia, Nov. 9, 1867.

DABNEY, Robert Lewis. Against the Ecclesiastical Equality of Negro Preachers in our Church, and their Right to Rule Over White Christians. Printed at the office of the "Boys and girls' monthly". Virginia, 1868.

CERTEAU, Michel de. **A Escrita da História**. Rio de Janeiro: Forense Universitária, 1982.

MATOS, Alderi Souza de **Os Pioneiros Presbiterianos do Brasil (1859-1900)**: Missionários, Pastores e Leigos do Século 19. São Paulo: Cultura Cristã, 2004.

MATOS, Alderi Souza de. Atividade Literária dos Presbiterianos no Brasil. **Revista Fides Reformata**, São Paulo, v. 12, n. 2, p. 43-62, 2007.

MATOS, Alderi Souza de. **Jonathan Edwards**: teólogo do coração e do intelecto. São Paulo: Fides Reforrmata, 1998. v. 3/1.

MEDEIROS, Pedro Henrique Cavalcante de. **Pelo progresso da sociedade**: a imprensa protestante no Rio de Janeiro Imperial (1864-1873). Dissertação (Mestrado em História) – Universidade Federal Rural do Rio de Janeiro, Seropédica, 2014.

MEDEIROS, Pedro Henrique Cavalcante de. **Por Cristo e pela Pátria Brasileira**: abolição, laicidade e conservadorismo na Imprensa Protestante Oitocentista (1880-1904). Tese (Doutorado em História) – Universidade Federal Rural do Rio de Janeiro, Seropédica, 2020.

SAUSSURE, Ferdinand de. **Curso de Lingüística Geral**. 30. ed. São Paulo: Cultrix, 2002.

SOUSA, Jorge Prata de. **Escravidão ou Morte**: os escravos brasileiros na Guerra do Paraguai. Rio de Janeiro: Muad: Adesa, 1996.

DEL PRIORE, Mary. **Do Outro Lado**: a história do sobrenatural e do espiritismo. São Paulo: Planeta, 2014.

DELUMEAU, Jean. **Mil Anos de Felicidade**: uma história do paraíso. São Paulo: Companhia das Letras, 1997.

DELUMEAU, Jean. **O Nascimento e a Afirmação da Reforma**. São Paulo: Enio, 1989.

DOLLINGER, Johann Joseph Ignaz Von. **O papa e o Concílio**. Tradução: Rui Barbosa. Rio de Janeiro: Brown & Evaristo, 1877. p. 30. Matheus Guazzelli & Cia, 1989.

DORATIOTO, Francisco Fernando Monteoliva. **Maldita Guerra**: nova história da Guerra do Paraguai. São Paulo: Companhia das Letras, 2002.

DOS SANTOS, Edwiges Rosa. **O Jornal Imprensa Evangélica**: diferentes fases no contexto brasileiro (1864-1892). São Paulo: Editora Mackenzie, 2009.

DOYLE, Don Harrison. **Nations Divided**: America, Italy, and the Southern Question. Athens: University of Georgia Press, 2002.

DOYLE, Don Harrison. **The Cause of All Nations**: an international History of the American Civil War. 1. ed. New York: Basic Books a Member of the Perseus Books Group, 2015.

ERICKSON, Millard J. **Opções Contemporâneas Na Escatologia**: um estudo do milênio. 1. ed. São Paulo: Edições Vida Nova, 1982.

FEBVRE, Lucien. **Martinho Lutero, Um Destino**. São Paulo: Três Estrelas, 2012.

FEINBERG, John S. **Continuidade e descontinuidade**: perspectivas sobre o relacionamento entre o antigo e o novo testamento: ensaios em homenagem ao S. Lins e Johnson Jr. São Paulo: Hagnos, 2013.

FEITOZA, Pedro Barbosa de Souza. **"Que venha o Teu Reino"**: estratégias missionárias para a inserção do protestantismo na sociedade monárquica (1851-1874). Dissertação (Mestrado em História) – Universidade de Brasília, Brasília, 2012.

FEITOZA, Pedro Barbosa de Souza. **Protestants and the Public Sphere in Brazil, c. 1870 – c. 1930**. Tese (Doutorado em História) – University of Cambridge, Cambridge, 2019.

FOUCAULT, Michel. **A arqueologia do saber**. Rio de Janeiro: Forense Universitária, 2008.

FRANKLIN, Braian. Towns And Toleration: disestablishment in New Hampshire. *In*: ESBECK, Carl H.; DEN HARTOG, Jonathan J. **Disestablishment and religious dissent**: church-state relations in the new American states, 1776-1833. Columbia: University of Missouri Press, 2019.

FREUD, Sigmund. **O Mal-estar na Civilização**. São Paulo: Penguin: Companhia das Letras, 2011.

GIRALDI, Luiz Antônio. **A Bíblia no Brasil Império**: como um livro proibido durante o Brasil Colônia tornou-se uma das obras mais lidas nos tempos do Império. Barueri: SBB, 2013.

GONÇALVES, Carlos Barros. **Unum Corpus Sumus In Cristo?** Iniciativas De Fraternidade E Cooperação Protestante No Brasil (1888-1940). Tese (Doutorado em História) – Universidade Federal do Paraná, Curitiba, 2015.

HART, D. G. Implausible: Calvinism and American Politics. *In*: DAVIS, Thomas (ed.). **John Calvin's American Legacy**. New York: Oxford University Press, 2010. p. 77-85.

HILL, Christopher. **A Bíblia Inglesa e as Revoluções do século XVII**. Rio de Janeiro: Civilização Brasileira, 2003.

HILL, Christopher. **O Mundo de Ponta-Cabeça**: Ideias Radicais Durante a Revolução Inglesa de 1640. São Paulo: Companhia das Letras, 1987.

HODGE, Charles. **Teologia Sistemática**. São Paulo: Hagnos, 2001.

HOEKEMA, Antony A. **A Bíblia e o Futuro**. São Paulo: Cultura Cristã, 2012. p. 144.

IMHOLT, Robert J. Connecticut A Land of Steady Habits. *In*: ESBECK, Carl H.; Hartog, Jonathan J. Den. **Disestablishment and religious dissent**: church-state relations in the new American states, 1776-1833. Columbia: University of Missouri Press, 2019.

Imprensa Evangélica. Rio de Janeiro e São Paulo (1864-1892).

IZECKSOHN, Vitor. A Guerra do Paraguai. *In*: GRINBERG, Keila; SALLES, Ricardo. **O Brasil Imperial**. v. 2, 1831-1870. Rio de Janeiro: Civilização Brasileira, 2009.

IZECKSOHN, Vitor. O Recrutamento de Libertos para a Guerra do Paraguai: considerações recentes sobre um tema complexo. **Revista Navigator**: subsídios para a história marítima do Brasil, Rio de Janeiro, v. 11, n. 21.

JENKS, William. **The Comprehensive Commentary on the Holy Bible**: Containing the Text According to the Authorised Version: Scott's Marginal References. Brattleboro VT Boston: Fessenden & Co.; Shattuck and Company, 1835.

KLING, David W. Presbyterians and Congregationalists in North America. *In*: LARSEN, Timothy; LEDGER-LOMAS, Michael. **The Oxford History of the Protestant Dissenting Traditions**. Volume III - The Nineteenth Century. First ed. Oxford: Oxford University Press, 2017. Oxford: Oxford University Press, 2017.

KOSELLECK, Reinhart. **Crítica e Crise.** Rio de Janeiro: Eduerj: Contraponto, 1999.

KOSELLECK, Reinhart. **Futuro Passado**: contribuição à semântica dos tempos históricos. Rio de Janeiro: Contraponto: Ed. PUC-Rio, 2006.

LE GOFF, Jacques. **História e memória**. 5. ed. Campinas: Unicamp, 2003.

LEONEL, João. O jornal Imprensa Evangélica e a formação do leitor protestante brasileiro no século XIX. **Protestantismo em Revista**, São Leopoldo, v. 35, p. 65-81, set./dez. 2014.

LESSA, Vicente Themudo. **Anais da 1ª Igreja Presbiteriana de São Paulo: Subsídios para a história do presbiterianismo brasileiro. (1863-1903)**. São Paulo: Cultura Cristã, 2010. (Obra Organizada em 1938).

MARQUES, L. **The United States and the slave trade to the americas**, 1776-1867. New Haven: Yale University Press, 2017.

MARSDEN, George M. **The Evangelical Mind and the New School Presbyterian Experience**: a case study of thought and theology in nineteenth-century America. New Haven: Yale University Press, 1970.

MENDONÇA, Antônio Gouvêa. **O Celeste porvir**: a inserção do protestantismo no Brasil. São Paulo: Editora da Universidade de São Paulo, 2008.

MONTIZKIN, Gabriel. A Intuição de Koselleck acerca do Tempo na História. *In:* JASMIN, Marcelo Gantus; FERES JÚNIOR, João (org.). **História dos Conceitos**. Rio de Janeiro: Ed. PUC-Rio; Ed. Loyola; Iuperj, 2006.

MOORHEAD, James H. **Princeton Seminary in American Religion and Culture.** Grand Rapids: W.B. Eerdmans Pub, 2012.

NOLL, Mark A. **The Rise of Evangelicalism:** the Age of Edwards Whitefield and the Wesleys. Nottingham: Inter-Varsity, 2004.

O Apóstolo. Rio de Janeiro: Typographia N. L. Viana e Filhos, 1866.

O Apóstolo. Rio de Janeiro: Typographia do Apóstolo, 1866-1870.

OSBORNE, Grant R. **Apocalipse:** comentário exegético. São Paulo: Vida Nova, 2014.

PAIVA, Angela Randolfo. **Católico, Protestante, Cidadão:** uma comparação entre Brasil e Estados Unidos. Rio de Janeiro: Centro Edelstein de Pesquisas Sociais, 2010.

PARTHEMORE, E. Winfield Scott. **Scraps of Dauphin County History**. Harrisburg, Pa.: Harrisburg Pub. Co., 1896.

PEREIRA, Márcio Pereira de. **Palanque de papel:** discurso político dos jornais evangélicos brasileiros no periódico da República Velha. Dissertação (Mestrado em Ciências da Religião) – Universidade Metodista de São Paulo, São Bernardo do Campo, 2007.

PETERSEN, Rodney. Continuidade e descontinuidade: o debate ao longo da história da igreja. *In:* FEINBERG, John S. **Continuidade e descontinuidade:** perspectivas sobre o relacionamento entre o antigo e o novo testamento: Ensaios em homenagem ao S. Lins e Johnson Jr. São Paulo: Hagnos, 2013.

PIUS IX. **Quanta Cura.** Lettera Encyclica Die VIII. Decembris Anno 1864. Amsterdam: Van Langenhuysen, 1864.

PIUS IX. **Epistola Encyclica Data Die VIII. Decembris MDCCCLXIV**. Ad Omnes Catholicos Antistites Unacum Syllabo Praecipuorum Aetatis Nostrae Errorum et Actis Pontificis Ex Quibus Excerptus Est Syllabus. Accedit Appendix. Ratisbonae: F. Pustet, 1865.

REILY, Duncan A. **História Documental do Protestantismo no Brasil**. São Paulo: Aste, 1984. p. 120-121.

REIS, Alvaro. **Almanak Historico.** Rio de Janeiro: Casa Editora Presbiteriana, 1902.

RIBEIRO, Boanerges. **Protestantismo e cultura brasileira**. São Paulo: Casa editora Presbiteriana, 1981.

RIBEIRO, A. S. **The Leading Commission-house of Rio de Janeiro:** A Firma Maxwell, Wright & C.O No Comércio do Império do Brasil (C. 1827 - C. 1850). Dissertação (Mestrado em História) Universidade Federal Fluminense, Niterói, 2014.

RICOEUR, Paul. **A metáfora viva**. São Paulo: Edições Loyola, 2000.

RICOEUR, Paul. **Hermenêutica bíblica.** São Paulo: Edições Loyola, 2006.

ROBERTS, Edward H. **Princeton Theological Seminary, and Alumni Collection.** Biographical Catalogue of Princeton Theological Seminary: 1815-1932. Princeton, N.J: Trustees of the Theological Seminary of the Presbyterian Church, 1933.

ROSA, Wanderley P. D. **Por Uma Fé Encarnada**: uma introdução à história do protestantismo no Brasil. São Paulo: Editora Recriar. Vitória: Editora da Faculdade Unida, 2020.

SALLES, Ricardo**. Guerra do Paraguai:** escravidão e cidadania na formação do exército. Rio de Janeiro: Paz e Terra, 1990.

MENDONÇA, ANTÔNIO GOVÊA. **O Celeste porvir:** a inserção do protestantismo no Brasil. São Paulo: Editora da Universidade de São Paulo, 2008.

SANTOS, Valmir Rocha. **Polêmica religiosa e defesa doutrinária no discurso de Ashbel Green Simonton.** Dissertação (Mestrado em Religião) – Universidade Presbiteriana Mackenzie, São Paulo, 2013.

SHAULL, Millard Richard. Ashbel Green Simonton (1833-1867): a calvinist in Brazil. *In*: KERR, Hugh T. **Sons of the Prophets:** Leaders in Protestantism from Princeton Seminary. Princeton: Princeton University Press, 1963.

SILVA, Eliane Moura; BELLOTTI, Karina Kosicki.; CAMPOS, Leonildo Silveira. **Religião e Sociedade Na América Latina**. São Bernardo do Campo: Editora da Universidade Metodista de São Paulo, 2010.

SILVA, Hélio de O. A Igreja Presbiteriana do Brasil e a Escravidão: breve análise documental. **Fides Reformata**, São Paulo, v. 15, n. 2, p. 44, 2010.

SIMONTON, Ashbel Green. **O diário de Simonton (1852-1866)**. São Paulo: Cultura Cristã, 2002.

SIMONTON, Ashbel Green. 1833-1867. **Transcript of the Journal of the Rev. Ashbel Green Simonton**.

SKINNER, Quentin. **As fundações do pensamento político moderno.** São Paulo: Companhia das Letras, 1996.

SOUZA, Robério Américo do Carmo. **Fortaleza e a nova fé**: a inserção do protestantismo na capital cearense (1882-1915). Dissertação (Mestrado em História) – Pontifícia Universidade Católica, São Paulo, 2001. Disponível em: http://www.montfort.org.br/bra/documentos/enciclicas/silabo/. Acesso em: 2 fev. 2017.

THORP, Willard *et al.* **The Princeton Graduate School**: a history. Princeton, N.J: Association of Princeton Graduate Alumni, 2000.

VIEIRA, David Gueiros. **O Protestantismo, a maçonaria e a questão religiosa no Brasil**. Brasília: Editora Universidade de Brasília, 1980.

WATANABE, Tiago Hideo Barbosa. **Escritos Nas Fronteiras**: os livros de História do Protestantismo brasileiro (1928-1982). Tese (Doutorado em História) – Universidade Estadual Paulista, São Paulo, Assis, 2011.

WEBER, Herman C. **Presbyterian Statistics**: through one hundred years, 1826-1926. Philadelphia: General Council of the Presbyterian Church in the U.S.A., 1927.

WEBER, Max. **Ética protestante e o espírito do capitalismo**. São Paulo: Companhia das Letras, 2004.

WEBER, Timothy P. Millennialism. *In*: WALLS, Jerry L. (ed.). **The Oxford Handbook of Escatology**. Oxford: Oxford Academic, 2009.

WHITBY, Daniel. **A Paraphrase and Commentary on the New Testament in Two Volumes**. 2nd ed. London: W. Bowyer for Awnsham and John Churchill, 1706.

WILSON, Joseph Miller. **Presbyterian Historical Almanac and Annual Remembrancer of the Church**. Philadelphia: Wilson Ed., 1862.